필사 중독

지은이 **래울**

글쓰기와 그림 그리기를 향한 강렬한 열망에 이끌려, 늦은 나이 오랫동안 어깨를 짓눌렀던 직장을 과감히 정리했다. 이후 인스타그램에 '야루'(밤의 물시계)라는 필명으로 마음을 어루만지는 그림을 그리고 글을 썼는데, 반응이 좋아 자연스럽게 전시회까지 열게 되었다.
두 아이의 아버지로서 다수의 어린이용 인물전을 집필하던 중 명사들의 심오한 명언에 점차 빠져들어 필사책을 내기로 결심했다. 지금도 글쓰기와 그림을 그리며 '아보하'를 마음껏 즐기고 있는 중이다.

인스타그램_@yaruhj

필사 중독

내 삶의 태도를 긍정적으로 바꾸는 가장 강렬하고 행복한 중독

365 HAPPY

Don't flatter yourself that friendship authorizes you to say disagreeable things to your intimates. The nearer you come into relation with a person, the more necessary do tact and courtesy become. Except in cases of necessity, which are rare, leave your friend to learn unpleasant things from his enemies; they are ready enough to tell them.

쉬운 일을 어려운 일처럼, 어려운 일을 쉬운 일처럼 대하라.

상상력은 창조의 시발점이다. 당신은 원하는 것을 상상하고, 상상하는 것을 행동에 옮겨라. 그러면 결국 그것을 창조하게 된다.

남들이 당신을 어떻게 생각할까 너무 걱정하지 마라. 그들은 당신에 대해 그렇게 많이 생각하지 않는다.

래울 지음

William Shakespeare, Dostoevskii, Charles Dickens, Osho Rajneesh, Laurie Anderson, Dalai Lama, Victor Hugo, Blaise Pascal, Dale Carnegie, Mahatma Gandhi, Anthony Robbins, Thomas Baschab, Albert Einstein, Friedrich Nietzsche, John Milton, Andrew Matthews, Leo Tolstoy, Baltasar Gracian, Mother Teresa, Aristoteles, Samuel Johnson

은는이가

■ 작가의 말

필사, 나와 세상의 지혜가 연결되는
아름다운 수행

    스마트폰 하나로 세상의 모든 정보를 순식간에 얻고 궁금증을 즉시 해결하며 시공간을 초월하여 소통하는 편리하면서도 숨 가쁜 시대를 살아가고 있습니다.

    이처럼 비할 데 없는 편리함 이면에, 때로는 너무나 빠른 속도 탓에 소중한 가치들을 놓치고 있지는 않은지 돌아보게 됩니다. 정보를 '소비'하는 속도는 경이로울 만큼 빠르지만, 정작 그 정보를 '소화'하여 '내 것'으로 만드는 깊이는 점점 얕아지고 있기 때문입니다.

    그래서 필사(筆寫)가 필요합니다. 필사는 단순히 글자를 베껴 쓰는 행위를 넘어섭니다. 옛 선현들이 귀한 책을 손수 필사하며 지식을 쌓고 수많은 작가가 마음에 드는 문장을 옮겨 적으며 자신만의 문체를 갈고닦았듯이, 필사는 오랜 세월 이어져 온 지혜를 축적하고 자신을 가꾸는 소중한 방식이었습니다.

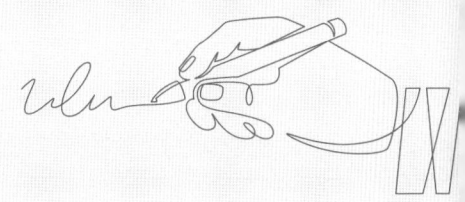

    필사는 '느림의 미학'입니다. 한 글자 한 글자 정성스럽게 옮겨 적다 보면, 지나칠 뻔했던 글자들이 전혀 새로운 모습으로 다가옵니다. 단어 선택, 문장 구조, 숨겨진 의미까지 이전에는 미처 알아차리지 못했던 세부 사항들이 눈에 들어오기 시작합니다.

    좋은 글귀를 마음에 새기는 동안, 우리는 자연스럽게 긍정적인 사고와 지혜를 얻게 됩니다. 힘든 시기에는 위로를, 중요한 순간에는 용기를, 그리고 세상을 바라보는 시각을 넓힐 수 있습니다. 명사들의 주옥같은 문장들을 필사하다 보면, 처음과는 확연히 다른 나를 발견하게 될 것입니다. 빼곡히 채워진 필사 노트를 볼 때마다 느끼는 뿌듯함과 성취감은 그 어떤 것과도 바꿀 수 없는 소중한 자산이 될 것입니다. 필사야말로 어제보다 나은 나를 만드는 가장 간단하고 확실한 방법입니다.

    필사는 집중력 향상에도 탁월한 효과가 있습니다. 손을 움직이고 글자를 따라가며 온전히 한 가지에 몰두하는 동안, 잡다한 생각과 걱정에서 벗어나 마음의 고요함을 경험할 수 있습니다. 이는 명상과 유사한 효과로 스트레스를 완화하고 심리적 안정을 가져다줍니다. 어쩌면 필사는 마음의 정원을 가꾸는 일과 닮아 있습니다. 꼼꼼하게 잡초를 뽑고 씨앗을 심듯, 필사를 통해 마음을 정리하고 긍정적인 생각의 씨앗을 심는 것입니다.

필사는 글쓰기 능력 향상에도 크게 기여합니다. 명사들의 문장을 옮겨 적으며 자연스럽게 어휘력을 넓히고 표현 방식을 익힐 수 있습니다. 유려한 문장 흐름과 효과적인 비유를 체득하면서, 자신만의 글을 쓸 때 더욱 풍부하고 깊이 있는 표현을 구사할 수 있게 됩니다. 마치 최고의 스승의 글을 가장 가까이에서 배우는 것과 같습니다.

또한 필사의 시간은 우리와 작가 사이의 소중한 연결고리가 됩니다. 시대를 초월하여 작가의 생각과 감정에 더욱 깊이 공감하고 소통할 수 있습니다. 글자를 손으로 옮겨 적는 동안 글에 담긴 지혜와 아름다움이 손끝을 타고 마음속으로 스며드는 특별한 경험을 하게 될 것입니다.

《필사 중독》은 오랫동안 많은 이들에게 사랑받고 영감을 주었던 짧고도 아름다운 여러 명언과 문장을 엄선해 담았습니다. 이 책에서 여러분은 때로는 위로가 되고 때로는 용기를 불어넣으며 때로는 세상을 바라보는 새로운 관점을 열어줄 글들을 만나게 될 것입니다.

이 책의 내용을 필사하는 데에 정해진 규칙은 없습니다. 마음에 드는 글부터 시작해도 좋고 처음부터 차례대로 따라와도 좋습니다. 완벽하게 똑같이 베껴야 한다는 부담감은 내려놓으셔도 괜찮습니다. 중요한 것은 글자와 함께 보내는 '과정' 그 자체에서 얻는 기쁨과 평화입니다. 좋아하는 펜을 들고 편안한 자세로 글과 마주하는 시간을 가져보시기 바랍니다. 한 문장을 다 썼을 때 느껴지는 작은 성취감 그리고 페이지를 채워나갈 때마다 쌓이는 뿌듯함은 필사가 주는 또 다른 선물일 것입니다.

　《필사 중독》을 통해 여러분의 일상에 작지만 확실한 행복과 성장의 시간이 더해지기를 진심으로 바랍니다. 손끝에서 시작된 작은 움직임이 여러분의 마음과 삶에 큰 울림을 가져다줄 것이라고 확신합니다. 이제 편안한 마음으로 펜을 들어보세요. 글과 함께 떠나는 즐거운 여행이 여러분을 기다리고 있습니다.

-2025년 여름, 래울

■ 작가의 말 4

CHAPTER 1
소중함을 모르고 놓쳐버린 것들

001	감사는 습관이 아닌 삶의 태도다	14
002	따뜻하고 친절한 부모가 되라	16
003	좋은 생각과 행동은 언제나 좋은 결과를 가져온다	18
004	친구란 나의 부족함을 채워주는 사람이다	20
005	행복은 나의 행동에서 발생한다	22
006	건강은 모든 행복의 시작이다	24
007	행복은 내 마음가짐에 따라 달라진다	26
008	배우자는 내 인생의 거울이다	28
009	부부는 서로의 성장과 발전을 지지한다	30
010	인생의 최고의 행복은 사랑받고 있다는 확신이다	32
011	건강은 모든 자유의 첫 번째 조건이다	34
012	늙음이란 성숙과 발전의 과정이다	36
013	젊을 때에 배우고 나이가 들어 이해한다	38
014	청춘은 인생의 나이가 아닌 마음의 나이다	40
015	가족은 작은 세상이다	44
016	자신의 가능성을 믿고 도전하라	46
017	어려움을 극복하는 힘은 내 안에 있다	48
018	시간은 당신의 친구이니 지혜롭게 사용하라	50
019	시간 관리는 삶의 관리다	52
020	나의 성격은 나의 행위의 결과다	54
021	자연은 신의 살아있는 옷이다	56
022	마음껏 살고, 한없이 웃고, 무조건 사랑하라	58
023	사랑하는 것은 천국을 살짝 엿보는 것이다	60
024	헤어짐이 없다면 새로운 만남도 없다	62
025	계절의 변화는 인생의 모습과 같다	64
026	마지막 웃는 자가 잘 웃는 자다	66
027	나는 우연히 태어난 것이 아니다	68
028	인생은 의미와 목적이 있기에 더 풍요로워진다	70
029	친절은 우리를 인간답게 만든다	72
030	목표는 성공의 길을 향한 나침반이다	74

CHAPTER 2

작은 행동 하나가 내 운명을 바꾼다

031	인생은 통찰력의 축적이다	78
032	한쪽 말만 듣고 평하지 마라	80
033	선과 악은 뿌린 만큼 거둔다	82
034	건강한 마음은 건강한 몸에서 나온다	84
035	걸으면 모든 것이 해결된다	86
036	위대한 생각은 걷기에서 나온다	88
037	고독은 나 자신을 돌아보는 시간이다	90
038	고독은 하나의 친구다	92
039	역사란 인간의 의지와 행동의 기록이다	94
040	역사는 현재와 미래의 끊임없는 대화다	96
041	침묵은 때로는 백 마디 말보다 강하다	98
042	말하지 않는 것이 말한 것보다 큰 힘을 갖는다	100
043	화를 지속하는 원천은 바로 '나'다	102
044	실천하는 자가 가장 행복한 사람이다	104
045	휴식은 새로움이고 새로운 시작을 의미한다	106
046	휴식은 게으름이 아니라 회복을 위한 시간이다	108
047	인간의 가치는 독서량에 따라 달라진다	110
048	책은 가장 지혜로운 상담자다	112
049	독서는 훌륭한 사람과의 대화와 같다	114
050	정의는 무엇이 옳은지를 아는 것에서 시작한다	116
051	정의는 진실을 찾고 올바르게 만드는 기술이다	118
052	용서는 무거운 짐을 내려놓는 것과 같다	120
053	용기는 자신의 믿음을 밝히는 것이다	122
054	용기는 자신의 능력을 믿는 것이다	124
055	미루는 버릇은 자멸의 씨앗이다	126
056	게으름은 살아 있는 사람의 무덤이다	128
057	친절한 사람은 아무에게도 적이 되지 않는다	130
058	약속은 책임과 신뢰의 증거다	132
059	조심하지 않으면 습관이 운명이 된다	134
060	삶을 바라보는 방식이 운명을 결정한다	136
061	시간은 당신이 결정하는 대로 달라진다	138
062	약속은 신뢰의 첫 걸음이다	140

CHAPTER 3

내 삶에 나만의 색을 채워라

063	현명한 사람은 하지 말아야 할 것을 안다	144
064	삶은 살아가며 완성된다	146
065	성장은 인내와 노력이 필요한 일이다	148
066	배움은 삶을 더 가치 있게 만든다	150
067	지혜는 가장 귀중한 보물이다	152
068	지혜는 어리석음을 피하는 방법이다	154
069	자신을 아는 것이 지혜의 시작이다	156
070	배움은 인간의 가장 큰 자산이다	158
071	죽음을 생각하며 오늘을 살아라	160
072	우리는 공감을 통해 타인과 연결된다	162
073	시간은 누구도 기다리지 않는다	164
074	상처는 낫지만 그 흔적은 남는다	166
075	공감은 타인의 마음을 이해하는 첫걸음이다	168
076	우리는 생각하는 대로 된다	170
077	친구는 내가 선택한 가족이다	172
078	상상력은 무한한 모험의 문을 연다	174
079	도전은 삶의 가치를 발견하는 과정이다	176
080	양심은 진실을 말하는 강력한 무기다	178
081	청렴하고 검소한 생활에서 행복은 생긴다	180
082	모든 사람들을 평등하게 존중하라	182
083	모든 색은 어둠 속에서 똑같아진다	184
084	진실은 가장 강력한 무기다	186
085	후회는 나를 과거에 묶어둔다	188
086	정직은 인간을 가장 가치 있게 만든다	190
087	이성을 잃은 화는 무의미한 소음에 불과하다	192
088	연애를 하고 있을 때는 누구나 시인이 된다	194
089	마음은 우리가 생각하는 대로 만들어진다	196
090	성실함은 인생의 가장 큰 자산이다	198
091	시간은 사람이 쓸 수 있는 가장 소중한 것이다	200

CHAPTER 4
성공을 이끌어갈 나만의 습관을 만들어라

092	시도하지 않으면 아무것도 얻을 수 없다	204
093	나를 의심하는 순간 가능성도 사라진다	206
094	나를 신뢰하는 것이 가장 큰 용기다	208
095	나의 노력은 배신하지 않는다	210
096	성공은 매일 반복되는 작은 노력의 합이다	212
097	성공이란 넘어질 때마다 일어나는 것이다	214
098	상대에게 거절할 때는 존중이 필요하다	216
099	예의를 갖춘 요구는 예의를 갖춰서 거절해야 한다	218
100	성실은 나를 더욱 빛나게 한다	220
101	실수는 인간다움이며 배움의 시작이다	222
102	실패는 당신이 성장할 수 있는 기회다	224
103	소통은 오해를 줄이는 가장 좋은 방법이다	226
104	대화의 기술은 경청에 있다	228
105	성공은 계획에서 비롯된다	230
106	계획 없는 목표는 한낱 꿈에 불과하다	232
107	인간관계는 서로의 차이를 존중할 때 깊어진다	234
108	마음으로 소통하는 것이 모든 관계의 핵심이다	236
109	내가 하는 일이 좋다면 하루하루가 휴일이다	238
110	일은 삶을 풍요롭게 하는 도구다	240
111	경청은 대화의 가장 중요한 부분이다	242
112	친절은 자신에게 베푸는 선물과 같다	244
113	사람을 배려하는 태도는 언제나 옳다	246
114	이해는 모든 것의 시작이다	248
115	무엇을 선택하든 선택한 길에서 최선을 다하라	250
116	나의 태도가 나의 방향을 결정한다	252
117	말을 많이 한다는 것과 잘한다는 것은 별개다	254
118	성공은 자신을 믿는 데서 시작한다	256
119	자기를 이기는 자는 강하다	258
120	강한 사람은 항상 자신에게 집중한다	260
121	그래도 계속 가라	262

Chapter 1

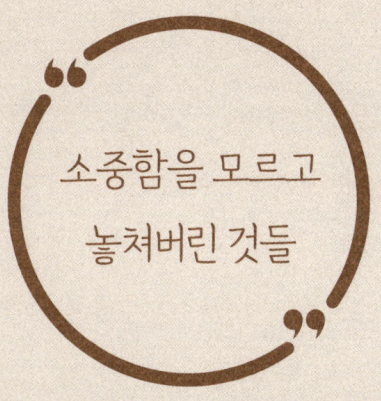

"소중함을 모르고
놓쳐버린 것들"

No. 001

감사

감사는 습관이 아닌 삶의 태도다

어떤 사람은 아름다운 장미꽃에
가시가 있다고 불평하지만,
나는 쓸데없는 가시나무에
장미가 핀다는 것에 감사한다.

알퐁스 카 Alphonse Karr
프랑스의 평론가, 저널리스트, 소설가.

감사는 과거를 받아들이고,
현재를 환영하며,
미래를 긍정적으로 바라보게 한다.

멜로디 비티 Melody Beattie
미국의 자기계발 작가이자 연사.

[DATE _____]

No.
002

부모

따뜻하고 친절한 부모가 되라

두 팔에 자식을 안고 있는 어머니를 보는 것처럼
매력 있는 일은 없다.
그리고 여러 자식에게 둘러싸인 어머니처럼
존귀한 것은 없다.

☞ **요한 볼프강 폰 괴테 Johann Wolfgang von Goethe**
독일을 대표하는 시인, 소설가, 철학자로 유럽의 문학과 문화에 광범위한 영향을 끼쳤다. 저서로는《젊은 베르테르의 슬픔》,《파우스트》등이 있다.

자녀에게 '우리 집이 세상에서 가장 따뜻한 보금자리'라는
인상을 심어줄 수 있는 부모야말로 훌륭한 부모다.
자녀가 자신의 집을 따뜻한 보금자리로 여기지 못한다면
그것은 부모의 잘못이며
부모로서 부족함이 있다는 증거다.

☞ **워싱턴 어빙 Washington Irving**
19세기 미국 낭만주의 문학의 대표적인 소설가.

[DATE _____]

No. 003

생각

좋은 생각과 행동은 언제나 좋은 결과를 가져온다

한 가지 생각을 선택하라.
그 생각을 당신의 삶으로 만들어라.
그것을 생각하고, 꿈꾸고, 그에 기반해서 살아가라.
당신 몸의 모든 부분, 뇌, 근육, 신경을
그 생각으로 가득 채우고
다른 생각은 다 내버려둬라.
이것이 성공하는 방법이다.

스와미 비베카난다 Swami Vivekananda
인도의 종교가. 다양한 요가에 관한 강연으로 서양 영성에 큰 영향을 미쳤다.

[DATE _____]

No. 004

친구

친구란 나의 부족함을 채워주는 사람이다

속으로는 생각해도 입 밖에 내지 말며
서로 사귐에는 친해도 분수를 넘지 말라.
그러나 일단 마음에 든 친구는
쇠사슬로 묶어서라도 놓치지 말라.

윌리엄 셰익스피어 William Shakespeare
영국의 시인이자 극작가로 '대문호'라고 불리는 문학가 중 한 명이다. 저서로는 《로미오와 줄리엣》을 비롯해, 《햄릿》, 《리어왕》, 《오셀로》, 《맥베스》 등이 있다.

아무도 꽃을 보지 않는다.
정말이다.
너무 작아서 알아보는 데 시간이 걸리기 때문이다.
우리에겐 시간이 없고, 무언가를 보려면 시간이 필요하다.
친구를 사귀는 것처럼.

조지아 오키프 Georgia O'Keeffe
미국 모더니즘의 어머니로 불린다. 추상적으로 그림을 표현한 것으로 유명하며 대표작은 〈꽃과 사막의 화가〉 등이 있다.

[DATE _____]

No.
005

행복

행복은 나의 행동에서 발생한다

일생에 한 번 있을까 말까 한 큰 행운보다
날마다 일어나는 소소한 편안함과 기쁨에서
행복을 더 많이 찾을 수 있다.

벤저민 플랭클린 Benjamin Franklin
미국 역사상 가장 다재다능한 인물로, 정치, 외교, 언론, 저술, 과학 등 다방면에서 활약한 독학자다. 저서로는 《가난한 리처드의 달력》, 《자서전》 등이 있다.

행복은 당신이 생각하는 것,
말하는 것,
그리고 행동하는 것이 조화롭게 일어날 때
찾을 수 있습니다.

마하트마 간디 Mahatma Gandhi
인도 민족 운동의 지도자이자 사상가로 비폭력운동으로 인도의 독립을 이뤄낸 지도자.

[DATE _____]

No.
006

건강

건강은 모든 행복의 시작이다

심신의 건강을 유지하는 비결은
과거의 일들에 슬퍼하거나 미래를 걱정하거나
고민거리를 예상하는 것이 아니라
지혜롭게 신실하게 현재를 살아가는 것이다.

석가모니
불교의 창시자로 세계 4대 성인의 한 사람이다.

건강하면 모든 게 쾌락의 원천이 되지만,
그렇지 못하면 그 어떤 것일지라도 즐길 수 없다.
건강은 인간의 행복에서 단연 가장 중요한 요소다.

아르투어 쇼펜하우어 Arthur Schopenhauer
독일의 철학자. 인간 삶의 비극적 면면을 탐구한 사상가며 그의 철학은 근대 철학에도 큰 영향을 미쳤다.

[DATE _____]

No.
007

행복

행복은 내 마음가짐에 따라 달라진다

행복의 비밀은

자신이 좋아하는 일을 하는 것이 아니라

자신이 하는 일을 좋아하는 것이다.

내가 변할 때 삶도 변한다.

내가 좋아질 때 삶도 좋아진다.

내가 변하기 전에는 아무것도 변하지 않는다.

우리가 삶에서 무엇을 갖는가는

자신이 어떤 사람인가에 달려 있다.

앤드류 매튜스 Andrew Matthews
동기부여 전문가로 '행복을 그리는 철학자'라고 불린다. 저서로는 《Being Happy!》, 《마음 가는 대로 해라》 등이 있다.

[DATE _____]

No. 008

부부

배우자는 내 인생의 거울이다

부부

오오 안해여, 나의 사랑!
하늘이 묶어준 짝이라고
믿고 살음이 마땅치 아니한가.
아직 다시 그러랴, 안 그러랴?
이상하고 별 나은 사람의 맘,
저 몰라라, 참인지, 거짓인지?
정분(精分)으로 얽은 딴 두 몸이라면.
서로 어그점인들 또 있으랴.
한평생(限平生)이라도 반백년
못 사는 이 인생에!
연분(緣分)의 긴실이 그 무엇이랴?
나는 말하려 노라, 아무려나,
죽어서도 한곳에 묻히더라.

김소월

한국의 대표적인 서정시인. 스무 살 전후에 쓴 〈진달래꽃〉, 〈산유화〉, 〈초혼〉 등의 시를 묶어 1925년에 펴낸 시집 《진달래꽃》은 한국 서정시의 신화이자 원형으로 평가받는다.

[DATE _____]

No.
009

부부

부부는 서로의 성장과 발전을 지지한다

행복한 결혼은 완벽한 부부가 만났을 때
이루어지는 게 아니다.
불완전한 부부가 서로의 차이점을 즐거이 받아들이는
법을 배울 때 이뤄지는 것이다.

데이브 머러 Dave Meurer
  미국의 작가이자 칼럼니스트.

부부가 진정으로 서로 사랑하고 있으면
칼날 폭 만큼의 침대에서도 잠잘 수 있지만,
서로 반목하기 시작하면
십 미터나 폭이 넓은 침대로도 너무 좁아진다.

《탈무드》 중에서
  랍비 유대교의 중요한 경전. 《성경》, 《코란》과 함께 세계적으로 가장 중요한 종교 문헌이다.

[DATE _____]

No. 010

행복

인생 최고의 행복은 사랑받고 있다는 확신이다

행복

나는 당신을 사랑하고 당신의 행복을 사랑합니다.
나는 온 세상 사람이 당신을 사랑하고
당신의 행복을 사랑하기를 바랍니다.
그러나 정말로 당신을 사랑하는 사람이 있다면
나는 그 사람을 미워하겠습니다. 그 사람을 미워하는 것은
당신을 사랑하는 마음의 한 부분입니다.
그러므로 그 사람을 미워하는 고통도 나에게는 행복입니다.

만일 온 세상 사람이 당신을 미워한다면
나는 그 사람을 얼마나 미워하겠습니까.
만일 온 세상의 사람이 당신을 사랑하지 않고
미워하지 않는다면 그것은 나의 일생에 견딜 수 없는 불행입니다.
만일 온 세상 사람이 당신을 사랑하고자 하여
나를 미워한다면 나의 행복은 더 클 수가 없습니다.
그것은 모든 사람의 나를 미워하는 원한의 두만강이 깊을수록
나의 당신을 사랑하는 행복의 백두산이 높아지는 까닭입니다.

한용운

한국을 대표하는 가장 매력적인 시인. 일제강점기 때, 독립선언서에 서명한 민족대표 33인 중 한 사람으로, 대표작 〈님의 침묵〉 등을 저술하여 저항문학을 이끌었다.

[DATE   ]

No. 011

건강

건강은 모든 자유의 첫 번째 조건이다

자신의 건강을 살펴보라.
만약 건강하다면 신을 찬양하고
건강의 가치를 양심 다음으로 높게 치라.
건강은 필멸의 존재인 우리 인간에게 주어진
제2의 축복이자 돈으로 살 수 없는 복이니.

Look to your health; and if you have it,
praise God and value it next to conscience;
for health is the second blessing that
we mortals are capable of, a blessing money can't buy.

아이작 월튼 Izaak Walton
영국의 수필가이자 '현대 낚시의 아버지'로 불리며 낚시의 고전인 《조어대전》을 집필했다.

[DATE _____]

No. 012

나이

늙음이란 성숙과 발전의 과정이다

당신은 열여섯 살 때의 아름다움을
당신이 만든 것이라고 주장할 수 없다.
그러나 당신이 육십 세 때도 아름답다면,
그것은 당신의 영혼이 만들어낸
아름다움일 것이다.

🖐 마리 스톱스 Marie Stopes
　영국의 고생물학자이자 작가이며 여성의 권리와 피임 운동에 앞장선 사회 운동가.

젊고 아름다운 사람은
자연의 유연한 산물이지만,
늙고 아름다운 사람은
하나의 예술 작품이다.

🖐 엘리너 루스벨트 Eleanor Roosevelt
　미국의 제32대 영부인이자 정치가, 외교관, 인권 운동가로, 역대 최장기간 영부인으로서
　세계인권선언 제정에 크게 기여했다.

[DATE _____]

No.
013

나이

젊을 때에 배우고 나이가 들어 이해한다

나이가 어리고 생각이 짧을수록
물질적이고 육체적인 삶이 최고라고 여기는 법이며,
나이가 들고 지혜가 자랄수록
정신적인 삶을 최고로 여기는 법이다.

🗨 레프 톨스토이 Leo Tolstoy
러시아의 대문호이자 사상가로 《전쟁과 평화》, 《안나 카레니나》 등 세계적인 걸작을 남긴 소설가.

주름이 생기지 않는 마음,
희망에 넘치는 친절한 마음과
늘 명랑하고 경건한 마음을 잃지 않는 것이야말로
노령을 극복하는 힘이다.

🗨 로버트 베일리 토마스 Robert Bailey Thomas
일기 예보, 식재 도표, 천문 자료, 요리법, 기사 등을 담은 '온 올드 파머스 연감(Old Farmer's Almanac)'을 발행한 미국인 출판인.

[DATE _____]

청춘은 인생의 나이가 아닌 마음의 나이다

청춘

청춘이란 인생의 어떤 시기가 아니라
마음의 상태를 뜻하나니
장밋빛 볼, 붉은 입술, 유연한 무릎이 아니라
의지와 풍부한 상상력과 격정,
그리고 생명의 깊은 원천에서 솟아 나오는 생동감을 뜻하나니.

청춘이란 두려움을 이겨내는 용기,
안락함의 유혹을 뿌리치는 모험심을 뜻하나니
때로는 스무 살 청년보다 예순 살 노인이 더 청춘일 수 있네.
누구나 세월만으로 늙어가지 않고
이상을 잃어버릴 때 늙어가나니.

세월은 주름을 피부에 새기지만
열정을 잃으면 주름이 영혼에 새겨지니
자신감을 잃고, 근심과 두려움에 휩싸이면
마음이 시들고, 영혼은 먼지로 흩어지지.

[DATE _____]

No.
014

청춘

예순이건 열여섯이건 가슴 속에는
경이로움을 향한 동경과 아이처럼 왕성한 탐구심과
삶의 기쁨을 찾으려는 한결같은 열망이 있는 법,
그대와 나의 가슴 속에는 무선기지국이 있어
사람들과 무한한 우주로부터
아름다움과 희망, 갈채, 용기, 힘을 수신하는 한
언제까지 청춘일 수 있네.

안테나가 내려지고
영혼이 냉소의 눈(雪)에 덮이고
비관의 얼음에 갇힐 때
그대는 스무 살이라도 늙은이가 되네.
그러나 안테나를 높이고
낙관의 파동을 붙잡는 한,
그대는 죽음을 앞둔 여든 살이어도 청춘이라네.

사무엘 울만 Samuel Ullman
미국의 시인 겸 종교 지도자로 더글러스 맥아더 장군이 애독했던 시 〈청춘〉의 저자로 가장 잘 알려져 있다.

[DATE_____]

No. 015

가정

가족은 작은 세상이다

이 세상에는 여러 가지 기쁨이 있지만
가장 빛나는 기쁨은 가정의 웃음이다.
그다음의 기쁨은 어린이를 보는 부모들의 즐거움인데,
이 두 가지의 기쁨은 사람의 가장 성스러운 즐거움이다.

요한 하인리히 페스탈로치 Johann Heinrich Pestalozzi
교육만이 사회 불평등을 해결할 수 있다는 생각으로 일생을 교육에 바친 스위스의 교육자. 저서로는 《은자의 황혼》, 《린하르트와 게르트루트》 등이 있다.

저녁 무렵 자연스럽게 가정을 생각하는 이는
가정의 행복을 맛보고 인생의 햇볕을 쬐는 사람이다.
그는 그 빛으로 아름다운 꽃을 피운다.

칼 베히슈타인 Carl Bechstein
독일의 베히슈타인 피아노 공장의 창립자로 1856년에 제1호 그랜드 피아노를 만들어 여러 피아노 대가들의 호평을 얻었다.

[DATE _____]

자신의 가능성을 믿고 도전하라

젊음은 모험과 각성의 정신이다.
신체가 절제의 주의를 무시할 수도 있는
활력과 건강을 얻을 때 신체적으로 나타나는 시기다.
젊음은 나이의 지평선이 너무 멀어서
눈에 띄지 않는 것처럼 보이는 영원한 기간이다.

에즈라 태프트 벤슨 Ezra Taft Benson
미국의 농부, 정부 관료, 종교 지도자.

청춘이란 마음의 젊음이다.
신념과 희망에 넘치고
용기에 넘쳐 나날을 새롭게 활동하는 한
청춘은 영원히 그대의 것이리다.

새뮤얼 울먼 Samuel Ullman
미국의 시인이자 수필가.

[DATE _____]

No.
017

극복

어려움을 극복하는 힘은 내 안에 있다

하늘이 장차 그 사람에게 큰 사명을 주려 할 때는
반드시 먼저 그의 마음과 뜻을 흔들어 고통스럽게 하고,
그 힘줄과 뼈를 굶주리게 하여 궁핍하게 만들어
그가 하고자 하는 일을 흔들고 어지럽게 하나니,
그것은 타고난 작고 못난 성품을 인내로써 담금질하여
하늘의 사명을 능히 감당할 만하도록
그 기국(器局)과 역량을 키워주기 위함이다.

🔖 맹자

공자시대 이후 유가에서 가장 큰 학파를 이룬 사람으로 본명은 맹가(孟軻). 주요 저서로는 《맹자》 등이 있다.

[DATE _____]

No. 018

시간

시간은 당신의 친구이니 지혜롭게 사용하라

시간은 인생의 동전이다.
시간은 당신이 가진 유일한 동전이고,
그 동전을 어디에 쓸지는 당신만이 결정할 수 있다.
당신 대신 타인이 그 동전을 써버리지 않도록 주의하라.

Time is the coin of your life.
It is the only coin you have,
and only you can determine how it will be spent.
Be careful lest you let other people spend it for you.

🍃 칼 샌드버그 Carl Sandburg
20세기 미국의 주요 문학가이며, 일리노이 주를 대표하는 시인.

[DATE   ]

시간 관리는 삶의 관리다

일하는 시간과 노는 시간을 뚜렷이 구분하라.
시간의 중요성을 이해하고 매 순간을
즐겁게 보내고 유용하게 활용하라.
그러면 젊은 날은 유쾌함으로 가득 찰 것이고,
늙어서도 후회할 일이 적어질 것이며
비록 가난할 때라도 인생을 아름답게 살아갈 수 있다.

루이자 메이 올콧 Louisa May Alcott
미국의 철학자, 시인, 소설가.

[DATE _____]

No.
020

성격

나의 성격은 나의 행위의 결과다

돈을 잃는 것은 조금 잃는 것이지만,
명성을 잃는 것은 더 많이 잃는 것이며,
성격을 잃는 것은 모든 것을 잃는 것이다.

빌리 그레이엄 Billy Graham
미국의 목사이자 작가로 미국을 비롯한 개신교 복음주의 운동에 막대한 영향을 준 인물.

말하는 상대편의 말에 귀를 기울이고
또한 그 사람의 눈을 잘 지켜보면
그 사람의 성격을 알 수 있다.
사람들은 아무리 수단을 써도 말할 때만큼은
자신의 성격을 숨길 수 없기 때문이다.

맹자
공자시대 이후 유가에서 가장 큰 학파를 이룬 사람으로 본명은 맹가(孟軻). 주요 저서로는 《맹자》 등이 있다.

[DATE _____]

No. 021.

자연

자연은 신의 살아있는 옷이다

자연에서는 그 무엇도 완벽하지 않으면서,
모든 것이 완벽하다.
나무는 뒤틀리거나 이상하게 휘기도 하지만,
그것들은 여전히 아름답다.

🖐 엘리스 워커 Alice Walker
　미국의 작가, 시인, 운동가. 1982년 《컬러 퍼플》을 출간해 이듬해 미국도서상과 흑인 여성 최초로 퓰리처상을 수상했다.

새는 인간이 지니고 있지 못한 명예를 사랑한다.
인간은 자신이 만들어 놓은 법과
전통의 함정들 속에서 살아가지만,
새들은 지구로 하여금 태양의 주위를 돌게끔 만든
신의 자연법에 따라서 살아간다.

🖐 칼릴 지브란 Kahlil Gibran
　20세기 초 동서양의 문화적 교류 속에서 독자적인 세계관을 구축한 중요한 사상가.

[DATE _____]

No.
022

사랑

마음껏 살고, 한없이 웃고, 무조건 사랑하라

사랑의 첫째 조건은 마음의 순결이다.
상대방의 인격을 존중해야 진실한 사랑이며,
마음과 뜻의 흔들림이 없어야 한다.
신 앞에서도 부끄러움과 동요함이 없어야 하며,
대담함과 용기를 지녀야 한다.
어떠한 장애에도 굴하지 않는 용기도 필요하다.
이와 같은 조건이 갖추어졌다면,
그것은 참된 애정이고 진실한 연애다.

앙드레 지드 Andre Gide
프랑스의 소설가이자 평론가로 프랑스 문단에 새로운 기풍을 불어넣어 20세기 문학의 진전에 지대한 공헌을 하였다. 저서로는 《좁은 문》,《이자벨》,《교황청의 지하실》 등이 있다.

[DATE _____]

사랑하는 것은 천국을 살짝 엿보는 것이다

헛된 사랑이었다고 말하지 말라.
사랑은 결코 낭비되지 않았다.
비록 그것이 상대방의 마음을 윤택하게 하지 못했다고 하더라도
그 물은 빗물과 같이 다시 그들의 생으로 돌아와
새로움으로 가득 채워진다.

헨리 워즈워스 롱펠로 Henry Wadsworth Longfellow
미국의 시인으로 〈인생찬가〉, 〈에반젤린〉 등의 시로 잘 알려져 있다. 단테의 《신곡》을 미국에서 처음 번역했던 인물.

사랑은 결정이 아니다.
사랑은 감정이다.
누구를 사랑할지 결정할 수 있다면 훨씬 더 간단하겠지만
마법처럼 느껴지지는 않을 것이다.

트레이 파커 Trey Parker
미국의 영화감독, 싱어송라이터.

[DATE _____]

No. 024

이별

헤어짐이 없다면 새로운 만남도 없다

이별은 마음의 여행이다.
그 여행에는 때때로
역경과 고통이 따르지만,
마침내 당신은
새로운 길을 찾게 될 것이다.

🔖 로버트 하인라인 Robert Heinlein
　소설가, 아이작 아시모프, 아서 C. 클라크와 함께 영미 SF문학계의 3대 거장이다.

사랑하는 사람을 잊으려 노력하는 것은
알지 못하는 사람을 기억하려고 하는 것과 마찬가지다.
사랑해 본 적 없는 것보단,
사랑하고 이별하는 것이 차라리 낫다.

🔖 알프레드 테니슨 Alfred Tennyson
　영국의 시인으로, 빅토리아 시대의 계관시인.

[DATE_____]

No. 025

계절

계절의 변화는 인생의 모습과 같다

겨울이 잠이고 봄이 탄생이라면,
그리고 여름이 삶이라면 가을은 숙고의 시간이 된다.
잎이 떨어지고, 수확하고, 사철 식물이 지는 시기다.
대지는 음해까지 장막을 친다.
이제 지난 일을 돌아볼 때이다.

미첼 버지스 Mitchell Burgess
미국의 작가이자 프로듀서.

봄이란 봄의 출생이며,
여름이란 봄의 성장이며,
가을이란 봄의 성숙이며,
겨울이란 봄의 수장이다.

정도전
고려 말과 조선 초기의 유학자, 사상가, 혁명가.

[DATE   ]

No. 026

웃음

마지막 웃는 자가 가장 잘 웃는 자다

그대의 마음을 웃음과 기쁨으로 감싸라.
그러면 천 가지 해로움을 막아주고
생명을 연장시켜 줄 것이다.

윌리엄 셰익스피어 William Shakespeare
영국의 시인이자 극작가로 '대문호'라고 불리는 문학가 중 한 명이다. 저서로는 《로미오와 줄리엣》을 비롯해, 《햄릿》, 《리어왕》, 《오셀로》, 《맥베스》 등이 있다.

사람의 웃는 모습을 보면
그 사람의 본성을 알 수 있다.
누군가를 파악하기 전
그 사람의 웃는 모습이 마음에 든다면
그 사람은 선량한 사람이라고
자신 있게 단언해도 된다.

도스토옙스키 Dostoevskii
러시아의 소설가이자 사상가로 19세기 러시아 문학을 대표하는 세계적인 문호다. 저서로는 《죄와 벌》, 《카라마조프가의 형제들》 등이 있다.

[DATE]

No. 027

인생

나는 우연히 태어난 것이 아니다

인생에서 가장 중요한 날이 이틀 있는데,
첫 번째 날은 내가 태어난 날이고,
두 번째 날은 내가 이 세상에
왜 태어났는지 그 이유를 알게 되는 날이다.

마크 트웨인 Mark Twain
미국 현대 문학의 아버지로 자유로운 정신을 추구하는 작가로 명성을 얻었다. 저서로는 《톰 소여의 모험》, 《허클베리 핀의 모험》 등이 있다.

단 한 사람밖에 없는 자신을,
단 한 번밖에 없는 일생을,
진심으로 살지 않는다면
인간으로 태어난 보람이 없지 않을까.

야마모토 유조 Yamamoto Yuji
일본의 소설가이자 극작가.

[DATE _____]

No.
028

인생

인생은 의미와 목적이 있기에 더 풍요로워진다

당신이 인생의 주인공이기 때문이다.
그 사실을 잊지 마라.
지금까지 당신이 만들어온
의식적 그리고 무의식적 선택으로 인해
지금의 당신이 있는 것이다.

바바라 홀 Barbara Hall
미국의 텔레비전 작가, 프로듀서, 청소년 소설가이자 싱어송라이터.

우리가 이 세상에 머무는 기간이 너무도 짧은 것은 분명한데,
적어도 즐겁게 살아야 하지 않겠는가.
요컨대 나의 삶이다.
내가 원하는 대로 살자.

웨인 다이어 Wayne Dyer
세계적으로 존경받는 미국의 심리학자이자 영적 멘토.

[DATE _____]

친절은 우리를 인간답게 만든다

친절은 이 세상을 아름답게 만들며
모든 비난을 해결한다.
그리고 얽힌 것을 풀어 헤치고,
어려운 일을 수월하게 만들고,
암담한 것을 즐거움으로 바꾼다.

레프 톨스토이 Leo Tolstoy
러시아의 대문호이자 사상가로 《전쟁과 평화》, 《안나 카레니나》 등 세계적인 걸작을 남긴 소설가.

미모의 아름다움은 눈만을 즐겁게 하지만
상냥한 태도는 영혼을 매료시킨다.
부드러움과 친절은 나약함과 절망의 징후들이 아니고
힘과 결단력의 표현이다.

칼릴 지브란 Kahlil Gibran
20세기 초 동서양의 문화적 교류 속에서 독자적인 세계관을 구축한 중요한 사상가.

[DATE _____]

No.
030

목표

목표는 성공의 길을 향한 나침반이다

사람은 스스로가 성취하고 획득할 수 있다고
생각하는 방향으로 성장합니다.
만약 자신이 되고자 하는 기준을 낮게 잡으면
그 사람은 더 이상 성장하지 못합니다.
만약 자신이 되고자 하는 목표를 높게 잡으면
그 사람은 위대한 존재로 성장할 것입니다.
일반 사람이 하는 보통의 노력만으로도 말입니다.

피터 드러커 Peter Ferdinand Drucker
미국의 경영학자이자 작가.

확실한 목표의 견고함은 가장 필수적인 인격의 기반 중 하나며
성공하기 위한 최고의 도구 중 하나다.
목표의 견고함이 없다면 천재는
모순의 미로 속에서 노력을 낭비하게 된다.

필립 체스터필드 Philip Dormer Stanhope Chesterfield
영국의 교양인이자 정치가.

[DATE_____]

Chapter 2

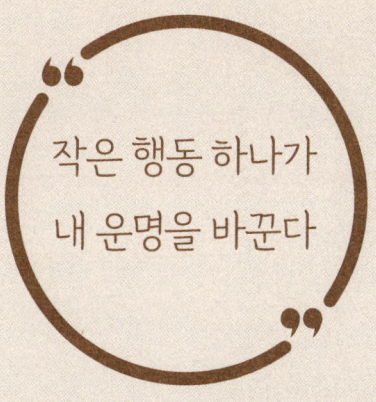

"작은 행동 하나가
내 운명을 바꾼다"

인생은 통찰력의 축적이다

통찰력을 가져라.
아니면 그것을 가진 자에게 귀를 기울여라.
자신의 지혜나 남의 지혜에 도움 없이 살 순 없다.

허약한 두뇌엔 약이 없다.
무지한 자들은 자신을 모르므로
자기들에게 모자라는 것을 찾지도 않는다.

발타사르 그라시안 Baltasar Gracian
17세기 예수회의 사제이자 신학교수,

[DATE   ]

No. 032
균형

한쪽 말만 듣고 평하지 마라

한쪽 말만 들어서 간사한 사람에게 속지 말고,
자기를 믿어서 객기를 부리지 말며,
자신의 장점으로써 남의 단점을 드러내지 말고,
자기가 서툴다고 하여 남의 능숙함을 시기하지 말라.

毋偏信而爲奸所欺 무편신이위간소기
毋自任而爲氣所使 무자임이위기소사
毋以己之長而形人之短 무이기지장이형인지단
毋因己之拙而忌人之能 무인기지졸이기인지능

《채근담》 중에서
명나라 말기 지은 잠언집으로 동양 최고의 지혜서이자 처세와 수신에 관한 고전이다.

[DATE   ]

No. 033

선행

선과 악은 뿌린 만큼 거둔다

착한 일을 하여도 그 이로움은 보이지 않지만
풀 속의 동아와 같아서
모르는 사이에 저절로 자라나고,
악한 일을 하여도 그 손해는 보이지 않지만
뜰 앞의 봄눈과 같아서
반드시 모르는 사이에 저절로 사라지니라.

爲善, 不見其益, 如草裡東瓜, 自儞暗長.
위선, 불현기손, 여초리동과, 자응암장.
爲惡, 不見其損, 如庭前春雪, 當必潛消.
위악, 불현기손, 여정전춘설, 당필잠소.

《채근담》 중에서
명나라 말기 지은 잠언집으로 동양 최고의 지혜서이자 처세와 수신에 관한 고전이다.

[DATE_____]

No. 034

절제

건강한 마음은 건강한 몸에서 나온다

먹고 싶은 것을 다 먹는 것은 그렇게 재미있지 않다.
인생을 경계선 없이 살면 기쁨이 덜하다.
먹고 싶은 대로 다 먹을 수 있다면
먹고 싶은 것을 먹는 데 무슨 재미가 있겠나?

Eating everything you want is not that much fun.
When you live a life with no boundaries, there's less joy.
If you can eat anything you want to,
what's the fun in eating anything you want to?

🗨 **톰 행크스 Tom Hanks**
미국의 배우, 영화 제작자. 대표작으로 〈시애틀의 잠 못 이루는 밤〉, 〈다빈치 코드〉, 〈라이언 일병 구하기〉 등이 있다.

[DATE _____]

No. 035
걷기

걸으면 모든 것이 해결된다

걸어서 행복해져라. 걸어서 건강해져라.
우리의 나날들을 연장시키는
즉 오래 사는 최선의 방법은 끊임없이
그리고 목적을 갖고 걷는 것이다.

찰스 디킨스 Charles Dickens
영국의 소설가이자 사회 비평가. 저서로는 《위대한 유산》, 《데이비드 코퍼필드》 등이 있다.

창조적인 아이디어를 찾는다면 나가서 걸어라.
당신이 걸을 때 천사들이 속삭일 것이다.

레이먼드 인먼 Raymond Inmon
영국 작가.

[DATE _____]

No.
036

산책

위대한 생각은 걷기에서 나온다

아침 산책은 생각을 일깨워주고
선명하게 만들며 확장시킨다.
걸으면서 하는 대화는 이해력을 높이고
사고를 명료하게 만드는 반면,
저녁 산책은 마음을 진정시킨다.

아리스토텔레스 Aristoteles
소크라테스, 플라톤과 함께 고대 그리스의 가장 영향력 있는 학자이며, 그리스 철학이 현재의 서양 철학의 근본을 이루는 데에 이바지하였다.

걸으면 앉아 있을 때 보다 더 좋은 생각이 떠오른다.
그것은 나 자신과 대화하는 시간이고
책으로도 얻지 못하는 무언가를 가득 채워주며
버릴 것은 버리게 해준다.

임마누엘 칸트 Immanuel Kant
근대 계몽주의를 정점에 올려놓았고 독일 관념 철학의 기반을 확립한 프로이센의 철학자.

[DATE   ]

No. 037

고독

고독은 나 자신을 돌아보는 시간이다

내 안에는 나 혼자 살고 있는 고독의 장소가 있다.
그곳은 말라붙은 마음을 소생시키는 단 하나의 장소다.

펄벅 Pearl Buck
미국 여성작가 최초로 노벨상과 함께 퓰리처상을 수상하였으며 사회 인권 운동가로 활약했다. 저서로는 《대지》, 《살아 있는 갈대》 등이 있다.

외로움은 인간의 조건입니다.
외로움을 키우세요.
그것이 당신에게 뚫고 들어갈 때,
당신의 영혼이 자랄 공간을 만듭니다.

자넷 피치 Janet Fitch
미국의 작가로 2002년에 영화화 된 소설 《화이트 올레앤더》를 썼다.

[DATE _____]

No. 038

고독

고독은 하나의 친구다

인생에서 최악의 일은
홀로 지내는 것이라고 생각하곤 했습니다.
하지만, 그게 아닙니다.
인생에서 최악의 일은 당신을 홀로 느끼게 하는
사람들과 지내는 것입니다.

로빈 윌리엄스 Robin Williams
20세기 후반 미국을 대표했던 코미디언이자 할리우드를 대표했던 배우.

'외로움'이란 혼자 있는 고통을 표현하기 위한 말이고,
'고독'이란 혼자 있는 즐거움을 표현하기 위한 말이다.

폴 틸리히 Paul Tillich
20세기에서 가장 중요한 개신교 신학자 중 한 명으로 독일계 미국 실존주의 신학자이자 철학자.

[DATE _____]

역사란 인간의 의지와 행동의 기록이다

우리 민족의 지나간 역사가
빛나지 아니함이 아니나,
그것은 아직 서곡이었다.
우리가 주연 배우로 세계 역사의
무대에 나서는 것은 오늘 이후다.

-《백범일지》나의 소원 중에서

김구

일제강점기의 독립운동가. 대한민국의 정치인으로 조국의 자주독립과 통일국가 수립을 위해 일생을 바친 민족의 지도자 겨레의 큰 스승.

우리가 만세를 부른다고 당장 독립이 되는 것은 아니오.
그러나 겨레의 가슴에 독립정신을 일깨워 주어야 하기 때문에
이번 기회에 꼭 만세를 불러야겠소.

손병희

조선 말기 동학과 천도교의 지도자이자 일제강점기의 독립운동가.

[DATE _____]

No. 040
역사

역사는 현재와 미래의 끊임없는 대화다

역사적으로 현명한 판단을 내리기 위해서는
과거의 교훈을 기억하는 것이 중요하다.
이는 권력에도 마찬가지로 적용된다.
가진 힘을 언제 모두 사용하지 않아야 할지
아는 것이 현명하다.
자신의 모든 힘을 소진하지 않고
비축할 줄 아는 지혜를 갖춘 이가
비로소 진정으로 훌륭한 지도자가 될 수 있다.

A. 바틀렛 지아마티 A. Bartlett Giamatti
영국의 르네상스 문학을 주로 연구한 미국의 문학 교수로, 예일대 역사상 가장 어린 총장을 지냈다.

[DATE _____]

No. 041
침묵

침묵은 때로는 백 마디 말보다 강하다

사람이 잘 말할 수 있는 재능을 갖지 못하면
침묵을 지킬 줄 아는 지각이라도 있어야 한다.
만약 두 가지를 다 가지고 있지 않으면
그 사람은 불행한 사람이다.

 라 브뤼에르 La Bruyère
프랑스의 모럴리스트이자 풍자 작가로 인간의 성격을 통찰한 《성격론》을 저술했다.

현명한 사람이 되려거든
사리에 맞게 묻고 조심스럽게 듣고,
침착하게 대답하라.
그리고 더 할 말이 없으면 침묵하기를 배워라.

 라파엘로 산치오 Raffaello Sanzio
16세기에 활동했던 이탈리아의 예술가. 레오나르도, 미켈란젤로와 함께 르네상스 3대 거장으로 손꼽힌다.

[DATE _____]

No.
042

침묵

말하지 않는 것이 말한 것보다 큰 힘을 갖는다

우리는 침묵의 예술을 배워야 한다.
고요히 주의를 기울이며
머무는 법을 배워야 한다.
침묵은 밭을 갈고 씨앗을 뿌린 후에
새싹이 돋아나기를 기다리는
농부의 기다림과 같다.
긴 인내와 희망을 필요로 한다.

브라이언 피어스 Brian Pierce
도미니코 수도회 신부. 저서로 《예수와 탕자 : 전적인 자비의 하느님》 등이 있다.

[DATE _____]

No. 043
분노

화를 지속하는 원천은 바로 '나'다

화내는 사람은 언제나 손해를 본다.
화내는 사람은 자기를 죽이고 남을 죽이며,
아무도 가까이 오지 않아 외롭고 쓸쓸하다.

🖐 **김수환**
　　천주교 성직자로 한국인 최초로 가톨릭 추기경에 서임되었다. 한국 가톨릭계를 대표하는 인물로서 한국 민주주의의 발전을 위해 헌신했다.

분노를 억제하기 가장 좋은 방법은
분노가 활활 타오르는 것을 느낄 때,
자기 몸을 꾹 누르고 아무것도 하지 말라.
움직이거나 말을 하면 안 된다.
만일 육체나 혀에 자유를 준다면,
분노는 점점 더 커지게 된다.

🖐 **레프 톨스토이 Leo Tolstoy**
　　러시아의 대문호이자 사상가로 《전쟁과 평화》, 《안나 카레니나》 등 세계적인 걸작을 남긴 소설가.

[DATE _____]

실천하는 자가 가장 행복한 사람이다

아무리 사소한 일이라도 소홀히 여기지 마라.
작은 발걸음이 쌓여 마침내 높은 정상에 오른다.
시작에는 반드시 결과가 따른다.
작은 일부터 차근차근 실행하는 자가
최후에는 성공한다.
반드시 해야 하는 일상의 임무부터 완성하라.

스산수이
중국 복건성 출신 작가로 잡지 《복건문학》 편집장 역임.

잘 생각하는 것은 현명한 일이다.
잘 계획하는 것은 더욱 현명한 일이다.
그러나 잘 행동에 옮기는 것은
가장 현명한 일이며 가장 지혜로운 일이다.

페르시아 금언
이란, 아프가니스탄 등 페르시아어 사용 국가에서 대중적인 지혜를 짧게 표현한 말.

[DATE _____]

No. 045
휴식

휴식은 새로움이고 새로운 시작을 의미한다

휴식은 게으름이 아니다.
그리고 여름날 나무 아래
풀밭에 가끔 누워 물소리를 듣거나
구름이 하늘을 떠다니는 것을 보는 것은
결코 시간 낭비가 아니다.

존 러벅 John Lubbock
영국의 인류학자, 고고학자, 작가로 다방면에 뛰어난 재능을 보인 20세기의 지성이다. 저서로는 《선사시대》, 《인생의 즐거움》 등이 있다.

[DATE   ]

No. 046
휴식

휴식은 게으름이 아니라 회복을 위한 시간이다

차가운 침대에 누워라.
그리고 그 파아란 촉감을 느껴라.
침대는 차차 훈훈해지고
어둠이, 밤의 침묵이 그대를 덮을 것이다.
두 눈을 감고 그대 자신을 느껴라.
더 이상 무엇이 필요하단 말인가?
아! 너무 벅차구나.
깊은 감사의 마음이 솟아난다.
이것이 휴식이다.
휴식이란 지금 이 순간이
그 어떤 기대나 요구보다도 충만함을 의미한다.

오쇼 라즈니쉬 Osho Rajneesh
인도 출신의 영적 스승. 동서양을 넘나드는 명강의를 펼쳐 전세계 젊은이들에게 새로운 의식 혁명과 깨달음의 세계를 열어 보였다.

[DATE _____]

인간의 가치는 독서량에 따라 달라진다

독자는 죽기 전에 천 번의 삶을 산다.
책을 전혀 읽지 않는 사람은 단 한 번만 산다.

A reader lives a thousand lives before he dies.
The man who never reads lives only one.

조지 R.R. 마틴 George R.R. Martin
거침없는 필력과 방대하고도 독자적인 세계관으로 전 세계 SF·판타지 애호가들로부터 절대적 지지를 얻고 있는 작가.

오늘의 나를 있게 한 것은 우리 마을 도서관이었다.
하버드 졸업장보다 소중한 것이 독서하는 습관이다.

빌 게이츠 Bill Gates
마이크로소프트의 창업주. 은퇴 이후에는 투자자 겸 자선사업가로 활동하고 있다.

[DATE _____]

No.
048

책

책은 가장 지혜로운 상담자다

문학은 우리가 세상에 대해 배우고
한 세대에서 다음 세대로 가치를 전달하는
안전하고 전통적인 수단입니다.
책은 생명을 구합니다.

Literature is the safe and traditional vehicle through which we learn about the world and pass on values from one generation to the next. Books save lives.

로리 앤더슨 Laurie Anderson
미국의 아방가르드 예술가, 작곡가, 음악가, 영화 감독.

[DATE_____]

No.
049

책

독서는 훌륭한 사람과의 대화와 같다

책은 당신이 침묵을 필요로 하는 동안은 침묵하고
대화를 원할 때는 언제든지 달변이 되어 준다.

책은 바쁠 때는 방해하지 않지만
외로움을 느낄 때는 좋은 동반자가 된다.

책은 속이거나 아첨하지 않는 친구며
당신에게 싫증을 내지 않는 동반자다.

🔖 알 자히즈 Al Jahiz
역사학, 신학, 생물학 등의 학문에 능통한 8세기 무슬림 저술가.

[DATE _____]

No. 050

정의

정의는 무엇이 옳은지를 아는 것에서 시작한다

정의란 옳고 그름 사이에 중립을 지킴으로써
성립되는 것이 아니라,
옳은 것을 찾아 그름에 맞서 이를 수호함으로써
실현되는 것이다.

👉 시어도어 루즈벨트 Theodore Roosevelt
　미국의 제26대 최연소 대통령으로, 작가, 자연주의자, 군인 등 다방면에서 활약했다.

잘못이 없는 사람은 하나도 없다.
완전하지 못한 것이 사람이라는 점을 항상 생각해야 하는 것이다.
우리는 언제나 정의를 받들어야 하지만
정의만으로 재판한다면
우리 중에 단 한 사람도 구원받지 못할 것이다.

👉 윌리엄 셰익스피어 William Shakespeare
　영국의 시인이자 극작가로 '대문호'라고 불리는 문학가 중 한 명이다. 저서로는 《로미오와 줄리엣》을 비롯해, 《햄릿》, 《리어왕》, 《오셀로》, 《맥베스》 등이 있다.

[DATE   ]

정의는 진실을 찾고 올바르게 만드는 기술이다

절대적인 정의라는 것은 없다.
자기는 완성되었다고 생각하지 말라.
단지 완성되어 가고 있는 것이라 생각하라.
정의에 배반 되는 죄를 범하지 않기 위해서는
단 하나의 수단밖에 없다.
항상 자기 자신은 완성되어 가고 있는 중이라고
생각하는 것이다.

레프 톨스토이 Leo Tolstoy
러시아의 대문호이자 사상가로 《전쟁과 평화》,《안나 카레니나》 등 세계적인 걸작을 남긴 소설가.

[DATE _____]

No. 052

용서

용서는 무거운 짐을 내려놓는 것과 같다

용서는 단지 자신에게 상처를 준 사람을
받아들이는 것만이 아니다.
용서는 그를 향한 미움과 원망의 마음에서
나를 놓아주는 일이다.
그러므로 용서는 자신에게 베푸는 가장 큰 베풂이자 사랑이다.

🔊 달라이 라마 Dalai Lama
　　티베트 불교의 지도자로 1989년 노벨평화상을 수상하였다.

때론 용서할 수 없는 사람이 있다.
도저히 지울 수 없는 분한 일도 있다.
그러나 그럴수록 지우고 용서하라.
그렇지 않으면 그런 기억과 분노들이
우리에게 주어진 삶의 질을 망가뜨리기 때문이다.

🔊 미첼 바첼레트 Michelle Bachelet
　　칠레의 의사 출신 정치인으로 칠레 최초의 여성 대통령을 두 차례 역임했다.

[DATE _____]

용기는 자신의 믿음을 밝히는 것이다

미래는 여러 가지 이름을 가지고 있다.
약자에게는 도달할 수 없는 것,
겁많은 자들에게는 미지의 것이다.
그러나 용감한 자들에게는 기회다.

빅토르 위고 Victor Hugo
프랑스의 대문호이자 낭만주의 작가로 《레 미제라블》, 《노트르담의 꼽추》 등 세계적인 걸작을 남긴 시인이자 소설가.

너를 모욕하는 사람의 기분에 휩쓸리지 마라.
그 사람이 널 끌고 가고 싶어 하는 길로 들어서지 마라.
너를 모욕하는 사람에게 복수하는 가장 좋은 방법은
그 사람처럼 행동하지 않는 것이다.

마르쿠스 아우렐리우스 Marcus Aurelius Antoninus
로마 제국의 제16대 황제이자 스토아 학파 철학자.

[DATE _____]

No.
054

용기

용기는 자신의 능력을 믿는 것이다

도저히 손댈 수가 없는 곤란에 부딪혔다면
과감하게 그 속으로 뛰어들라.
그리하면 불가능하다고 생각했던 일이 가능해진다.
용기 있는 자로 살아라.
운이 따라주지 않는다면
용기 있는 가슴으로 불행에 맞서라.

키케로 Cicero
고대 로마 공화정 말기의 정치가, 문학가, 철학자로 로마 공화정을 대표하는 인물이다.

두려움만큼 사람에게서
생각하고 행동하는 힘을
효과적으로 빼앗아 가는 감정은 없다.

에드먼드 버크 Edmund Burke
영국의 정치인이자 철학자로 '현대 보수주의의 아버지'라 불린다.

[DATE   ]

No. 055

게으름

미루는 버릇은 자멸의 씨앗이다

게으름에 대한 보복에는 두 가지가 있다.
하나는 자신의 실패요,
하나는 네가 하지 않은 일을 한 옆 사람의 성공이다.
불안할수록 연필을 잡아라.
노력이 지겨워지는 순간에도.

📖 쥘 르나르 Jules Renard
프랑스의 소설가이자 극작로 동화《홍당무》의 원작자.

지나가는 시간이란 잃어버린 시간이며,
게으름과 무기력한 시간이며,
몇 번이고 맹세해도 지키지 못하는 시간이며,
때때로 이사를 하고 끊임없이 돈을 구하는 데 분주한 시간이다.

📖 장 폴 사르트르 Jean-Paul Sartre
프랑스 실존주의 철학자이자 작가며 실존주의의 대표적인 사상가.

[DATE _____]

게으름은 살아 있는 사람의 무덤이다

노력은 항상 이익을 가져다준다.

성공하지 못한 사람들에게는 항상 게으름의 문제가 있다.

노력은 결코 무심하지 않다.

그만큼 대가를 반드시 지급해준다.

바로 성공을 보너스로 가져다준다.

비록 성공하지 못했을지라도 깨달음을 준다.

성공하지 못한 사람의 공통점은 게으름에 있다.

게으름은 인간을 패배하게 만드는 주범이다.

성공하려거든 먼저 게으름을 극복해야 한다.

알베르 카뮈 Albert Camus
20세기의 지성이자 실존주의 문학의 프랑스 대표 작가. 저서로는 《이방인》, 《시지프의 신화》 등이 있다.

[DATE _____]

No. 057

친절

친절한 사람은 아무에게도 적이 되지 않는다

나에게 이해관계가 있을 때만
남에게 친절하게 대하고 어질게 대하는 것은 좋지 않다.
지혜 깊은 사람은 이해관계를 떠나서
누구에게나 친절하고 어진 마음으로 대한다.
왜냐하면 어진 자체가 나에게 따스한 체온이 되기 때문이다.

블레즈 파스칼 Blaise Pascal
　프랑스의 수학자, 물리학자이자 신학자.

친절은 이 세상을 아름답게 만들며 모든 비난을 해결한다.
그리고 얽힌 것을 풀어헤치고,
어려운 일을 수월하게 만들고
암담한 것을 즐거움으로 바꾼다.

레프 톨스토이 Leo Tolstoy
　러시아의 대문호이자 사상가로 《전쟁과 평화》, 《안나 카레니나》 등 세계적인 걸작을 남긴 소설가.

[DATE _____]

No. 058
약속

약속은 책임과 신뢰의 증거다

아무리 보잘것없는 것이라 하더라도
한 번 약속한 일은 상대방이 감탄할 정도로
정확하게 지켜야 한다.
신용과 체면도 중요하지만 약속을 어기면
그만큼 서로의 믿음이 약해진다.
그러므로 약속은 꼭 지켜야 한다.

데일 카네기 Dale Carnegie
미국 출신의 작가로 카네기 연구소를 설립하여 인간 경영 및 자기 계발 분야에서 최고의 업적을 남겼다. 저서로는 《데일 카네기 인간관계론》 등이 있다.

아이에게 무언가 약속하면 반드시 지켜라.
지키지 않으면 당신은 아이에게
거짓말하는 것을 가르치는 것이다.

《탈무드》 중에서
랍비 유대교의 중요한 경전. 《성경》, 《코란》과 함께 세계적으로 가장 중요한 종교 문헌이다.

[DATE _____]

No.
059

습관

조심하지 않으면 습관이 운명이 된다

같은 생각을 여러 번 반복하면 습관으로 굳어버린다.
성격도 생각하는 방향으로 바뀐다.
그러니 생각을 원하는 방향으로 바꾸고
그 상태를 당당히 유지해 새로운 습관을 들여라.

윌리엄 제임스 William James
미국의 실용주의 철학자이자 심리학자로 미국을 대표하는 사상가.

당신의 믿음은 당신의 생각이 되고,
당신의 생각은 당신의 말이 되고,
당신의 말은 당신의 행동이 되고,
당신의 행동이 당신의 습관이 되고,
습관은 당신의 가치가 되고,
당신의 가치는 당신의 운명이 됩니다.

마하트마 간디 Mahatma Gandhi
인도 민족 운동의 지도자이자 사상가로 비폭력운동으로 인도의 독립을 이뤄낸 지도자.

[DATE _____]

삶을 바라보는 방식이 운명을 결정한다

우리 스스로 의미를 부여하지 않으면
우리 인생 자체는 아무 의미가 없다.
인간의 경이로운 점 중 하나는
어떤 사건에 의미를 부여할 수도 있고,
의미를 박탈하거나 전환할 수 있는
능력을 갖추고 있다는 것이다.

앤서니 라빈스 Anthony Robbins
미국의 작가이자 심리학자로 세계적인 동기부여 전문가.

가장 빛나는 별은 아직 발견되지 않은 별이고,
당신 인생 최고의 날은 아직 살지 않은 날들이다.
자신에게 길을 묻고 스스로 길을 찾아라.

토마스 바샵 Thomas Baschab
경영 트레이너이자 정신적 코치이자 작가. 저서로는 《파블로 이야기》 등이 있다.

[DATE _____]

시간은 당신이 결정하는 대로 달라진다

그대는 인생을 사랑하는가?
그렇다면 시간을 낭비하지 말라.
시간은 인생을 구성한 재료니까.
똑같이 출발하였는데, 세월이 지난 뒤에 보면
어떤 사람은 뛰어나고 어떤 사람은 낙오자가 되어 있다.
이 두 사람의 거리는 좀처럼 접근할 수 없는 것이 되어 버렸다.
이것은 하루하루 주어진 시간을 잘 이용했느냐
아니면 시간을 허송세월 보냈느냐에 달려 있다.

벤저민 플랭클린 Benjamin Franklin

미국 역사상 가장 다재다능한 인물로, 정치, 외교, 언론, 저술, 과학 등 다방면에서 활약한 독학자. 저서로는 《가난한 리처드의 달력》, 《자서전》 등이 있다.

[DATE_____]

No. 062
신뢰

약속은 신뢰의 첫 걸음이다

약속을 맺어졌다는 것은
상대방의 신뢰를 얻었다는 증거다.
만약 약속을 파기하면
상대방의 시간을 도둑질한 셈이 된다.

👉 데일 카네기 Dale Carnegie
　　미국 출신의 작가로 카네기 연구소를 설립하여 인간 경영 및 자기 계발 분야에서 최고의 업적을 남겼다. 저서로는 《데일 카네기 인간관계론》 등이 있다.

삶에 있어 소중히 지켜야 할 네 가지는
믿음, 약속, 인간관계 그리고 상대의 마음이다.
이 네 가지는 깨질 때 소리는 나지 않지만
큰 고통을 주기 때문이다.

👉 찰스 디킨스 Charles Dickens
　　영국의 소설가이자 사회 비평가. 저서로는 《위대한 유산》, 《데이비드 코퍼필드》 등이 있다.

[DATE _____]

Chapter 3

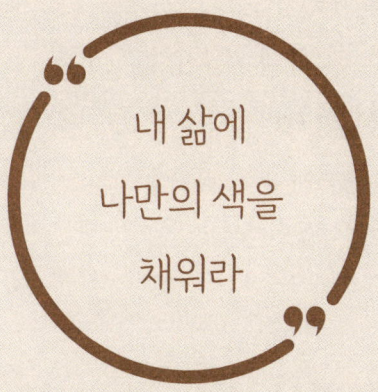

현명한 사람은 하지 말아야 할 것을 안다

자신보다 현명한 사람 앞에서는 말을 삼가며
상대방의 말을 끊지 않으며 경청한다.
질문할 때는 요점만 파악하여 질문하며
질문에 답을 할 때면
정확히 요점만 조리 있게 대답한다.
일의 앞뒤를 분명히 하며
모르면 솔직히 모른다고 인정한다.
진실은 진실로 받아들인다.

《탈무드》 중에서

랍비 유대교의 중요한 경전. 《성경》, 《코란》과 함께 세계적으로 가장 중요한 종교 문헌이다.

[DATE _____]

삶은 살아가며 완성된다

완전하게 태어나는 사람은 없다.
묵묵히 자기 자신의 인격을 닦고
자기완성에 전념하라.
자기완성에 도달하면
생각이 맑아지고
판단이 성숙해지고
고상한 취미에 젖어 들고
의지가 굳어질 때
자기 자신의 참모습을 보게 될 것이다.

 발타사르 그라시안 Baltasar Gracian
 17세기 예수회의 사제이자 신학교수.

[DATE _____]

성장은 인내와 노력이 필요한 일이다

자신의 성장에 도움이 되는 삶의 환경을
만들 수 있을 만큼 자신을 사랑하라.
당신의 행복을 해치는
사람, 생각, 상황을 놓아버리도록 하라.
활기찬 환경을 조성하고
자신의 고유한 아름다움과
목적을 가장 잘 표현하는데
도움이 되는 선택을 하기 위해 노력하라.

스티브 마라볼리 Steve Maraboli
미국 작가, 운동 선수, 재향 군인, 저술가.

[DATE _____]

배움은 삶을 더 가치 있게 만든다

No. 066
배움

젊어서 배우지 아니하면 늙어서 아는 것이 없고,
봄에 밭을 갈지 않으면 가을에 바랄 것이 없으며,
아침에 일어나지 않으면 아무것도 할 일이 없게 된다.

👉 공자
　　춘추시대 유학자. 주나라의 예(禮)와 악(樂)을 정리하여 유학(儒學)의 기초 경전을 정립하였다. 오늘날엔 유학(유교)의 창시자.

세 사람이 같이 있을 때,
그중 두 사람은 나의 스승으로 삼을 수 있다.
한 사람이 좋은 말과 행동을 한다면 그것을 배울 것이고,
다른 한 사람의 말과 행동이 옳지 못하다면
그렇게 하지 않으려고 거울로 삼을 것이다.

👉 공자

[DATE _____]

지혜는 가장 귀중한 보물이다

No. 067
지혜

지혜는 헤아릴 수 없다.
지혜에 가까이 가면 갈수록
지혜는 더욱 삶에 중요하게 다가오기 때문이다.
지혜로운 우리의 삶은
시시각각 좋은 모습으로 변하는 것이다.

레프 톨스토이 Leo Tolstoy
러시아의 대문호이자 사상가로 《전쟁과 평화》, 《안나 카레니나》 등 세계적인 걸작을 남긴 소설가.

어리석은 사람은
밖으로 드러나 보이는 자기 외모를 자랑하지만,
지혜로운 사람은
본성에 더욱 신경을 쓴다.

발타사르 그라시안 Baltasar Gracian
17세기 예수회의 사제이자 신학교수.

[DATE _____]

지혜는 어리석음을 피하는 방법이다

No.
068

지혜

아이에게 물고기를 잡아주어라.
그러면 한 끼는 배부르게 먹을 것이다.
아이에게 물고기를 잡는 법을 가르쳐 주어라.
그러면 평생 배부르게 먹고 살 수 있을 것이다.

💬 《탈무드》 중에서
랍비 유대교의 중요한 경전.《성경》,《코란》과 함께 세계적으로 가장 중요한 종교 문헌이다.

우리는 세 가지 방법으로 지혜를 배울 수 있다.
첫째, 가장 고귀한 반성이다.
둘째, 가장 쉬운 모방이다.
셋째, 가장 쓰라린 경험이다.

💬 공자
춘추시대 유학자. 주나라의 예(禮)와 악(樂)을 정리하여 유학(儒學)의 기초 경전을 정립하였다. 오늘날 유학(유교)의 창시자.

[DATE_____]

자신을 아는 것이 지혜의 시작이다

지혜는 받는 것이 아니다.
우리는 그 누구도 대신해 줄 수 없는 여행을 한 후
스스로 지혜를 발견해야 한다.

마르셀 프루스트 Marcel Proust
인상주의 예술가, 아르누보 운동, 만국박람회 등 프랑스의 벨 에포크 시대를 살았던 작가. 저서로는 《잃어버린 시간을 찾아서》 등이 있다.

만나는 모든 사람에게
무엇인가를 배울 수 있는 사람이
세상에서 가장 현명한 사람이다.

《탈무드》 중에서
랍비 유대교의 중요한 경전. 《성경》, 《코란》과 함께 세계적으로 가장 중요한 종교 문헌이다.

[DATE _____]

배움은 인간의 가장 큰 자산이다

대학 졸업장은 한 인간이 완성품이라는 증명이 아니라,
인생의 준비가 되었다는 표시다.

A college degree is not a sign that one is a finished product
but an indication a person is prepared for life.

🔖 **에드워드 A.말로이 Reverend Edward A. Malloy**
미국 가톨릭 사제이자 학자.

자신의 가족을 가르칠 수 없는 자는 남을 가르칠 수 없다.

It is not possible for one to teach others
who cannot teach his own family.

🔖 **공자**
춘추시대 유학자. 주나라의 예(禮)와 악(樂)을 정리하여 유학(儒學)의 기초 경전을 정립하였다. 오늘날엔 유학(유교)의 창시자.

[DATE _____]

죽음을 생각하며 오늘을 살아라

No. 071
죽음

죽음은 우리가 아는 유일한 확실한 일이다.
그러므로 죽음 이후에는
무엇이 될지를 염려하는 것보다
살아있는 동안에 무엇을 할 것인가를 고민해야 한다.

👉 마하트마 간디 Mahatma Gandhi
인도 민족 운동의 지도자이자 사상가로 비폭력운동으로 인도의 독립을 이뤄낸 지도자.

죽음은 죽음을 생각하는 것만으로는 충분하지 않다.
항상 마음속에 간직해야 한다.
그렇게 되면 인생은 더욱 장엄해지고,
중요해지고, 비옥해지고, 더 즐거워진다.

👉 스테판 츠바이크 Stefan Zweig
오스트리아의 소설가, 저널리스트, 극작가. 저서로는 《조제프 푸셰》, 《마리 앙투아네트》 등이 있다.

[DATE _____]

우리는 공감을 통해 타인과 연결된다

No. 072
공감

생각이 너그럽고 두터운 사람은
봄바람이 따뜻하게 만물을 기르는 듯하여
무엇이든지 이런 사람을 만나면 살아나고,
마음이 모질고 각박한 사람은
차가운 눈이 만물을 얼게 하는 듯하여
무엇이든지 이런 사람을 만나면 죽느니라.

《채근담》 중에서
명나라 말기 지은 잠언집으로 동양 최고의 지혜서이자 처세와 수신에 관한 고전이다.

타인의 기쁨에 기뻐하고,
타인의 아픔에 아파하는 것,
이것이야말로 인간을 이끄는
최고의 지도자다.

알베르트 아인슈타인 Albert Einstein
현대 물리학의 문을 연 20세기 최고의 과학자. 상대성이론을 정립한 것으로 유명하다.

[DATE _____]

시간은 누구도 기다리지 않는다

No. 073

시간

시간은 일종의 지나가는 사건들의 강물이며 그 물살은 세다.
그리하여 어떤 것이 나타났는가 하면 금방 스쳐 가버리고
다른 것이 그 자리를 대신 차지한다.
새로 등장한 것도 곧 스쳐 가버리고 말 것이다.

인간의 지혜가 얼마나 무상하며 하찮은 것인가를 눈여겨보라.
어제까지만 해도 태아였던 존재가
내일이면 빳빳한 시체나 한 줌의 재가 되니,
그대 몫으로 할당된 시간이란 그토록 짧은 것이다.
그러니 순리대로 살다가 기쁘게 죽어라.

마치 올리브 열매가 자기를 낳은 계절과
자기를 키워 준 나무로부터 떨어지듯.

마르쿠스 아우렐리우스 Marcus Aurelius
로마 제국의 제16대 황제이자 스토아 철학자.

[DATE   ]

No. 074
상처

상처는 낫지만 그 흔적은 남는다

비록 많은 사람들을 웃기더라도
한 사람에게 상처를 주는 말이라면 나쁜 말이다.
남에게 피해를 주지 않고
사람들을 즐겁게 해주는 사람은
훌륭하다고 칭찬받을 만하다.

👉 세르반테스 Cervantes
스페인이 낳은 가장 위대한 소설가·극작가이자 시인. 저서로는 《돈키호테》 등이 있다.

나는 상처 입은 사람에게
그가 어떻게 느끼는지를 한 번도 물어본 적이 없다.
나는 상처 입은 사람을 볼 때마다
내가 마치 상처 입은 사람인 것처럼 된다.

👉 월트 휘트만 Walter Whitman
미국의 시인이자 수필가. '자유시의 아버지'라 불린다.

[DATE _____]

공감은 타인의 마음을 이해하는 첫걸음이다

공감은 다른 사람의 신발을 신고
그의 길을 걷는 것입니다.
그의 관점에서 세상을 보고
그의 감정을 느끼는 것입니다.
그러고 나서 '나는 당신을 이해합니다'라고
말하는 것입니다.

	칼 로저스 Carl Rogers
		미국의 심리학자로 인간 중심 치료를 개발하여 인간성 심리학을 개척했다.

인간이 저지른 최악의 실수는 공감 능력의 부족이다.
그래서 이웃의 고통을 제대로 이해할 수 있는 사람이
그토록 드문 것이다.

	조셉 애디슨 Joseph Addison
		영국의 시인이자 극작가.

[DATE _____]

우리는 생각하는 대로 된다

생각을 조심해라, 말이 된다.
말을 조심해라, 행동이 된다.
행동을 조심해라, 습관이 된다.
습관을 조심해라, 성격이 된다.
성격을 조심해라, 운명이 된다.
우리는 생각하는 대로 된다.

🔖 마가렛 대처 Margaret Thatcher
영국 제71대 총리로 '철의 여인'이라는 별칭으로 유명한 정치인.

[DATE _____]

친구는 내가 선택한 가족이다

친구라고 해서 불쾌한 말을 해도 된다고 생각하지 말라.
누군가와 가까운 관계가 될수록 현명하고
예의 바르게 행동하는 것이 중요하다.
가끔 부득이한 경우를 제외하고,
친구로 하여금 불쾌한 말은 적에게서 듣게 놔두라.
적들은 이미 그런 말을 거리낌 없이 할 준비가 되어 있다.

Don't flatter yourself that friendship authorizes you to say
disagreeable things to your intimates.
The nearer you come into relation with a person,
the more necessary do tact and courtesy become.
Except in cases of necessity,
which are rare, leave your friend to learn unpleasant things
from his enemies; they are ready enough to tell them.

올리버 웬델 홈스 Oliver Wendell Holmes
19세기 미국의 의학자·문필가로 하버드대학교 의학 교수다. 저서로는 《최후의 잎》, 《시집》 등이 있다.

[DATE _____]

상상력은 무한한 모험의 문을 연다

No. 078
상상력

나는 상상력을 자유롭게 이용하는 데
부족함이 없는 예술가다.
지식보다 중요한 것은 상상력이다.
지식에는 한계가 있다.
하지만 상상력은 세상의 모든 것을 끌어안는다.

알베르트 아인슈타인 Albert Einstein
현대 물리학의 문을 연 20세기 최고의 과학자. 상대성 이론 정립한 것으로 유명하다.

상상력은 창조의 시발점이다.
당신은 원하는 것을 상상하고,
상상하는 것을 행동에 옮겨라.
그러면 결국 그것을 창조하게 된다.

조지 버나드 쇼 George Bernard Shaw
'버나드 쇼라'는 필명으로 활동한 아일랜드의 극작가, 평론가이자 정치 운동가.

[DATE_____]

도전은 삶의 가치를 발견하는 과정이다

No.
079

도전

20년 후, 당신은 했던 일보다
하지 않았던 일로 인해 더 실망할 것이다.
그러므로 밧줄을 풀고, 안전한 항구를 떠나 항해하라.
탐험하라, 꿈꾸라.

마크 트웨인 Mark Twain
미국 현대 문학의 아버지로 자유로운 정신을 추구하는 작가로 명성을 얻었다. 저서로는 《톰 소여의 모험》, 《허클베리 핀의 모험》 등이 있다.

당신이 바라거나 믿는 바를 말할 때마다
그것을 가장 먼저 듣는 사람은 당신이다.
그것은 당신이 가능하다고 믿는 것에 대해
당신과 다른 사람 모두를 향한 메시지다.
스스로에 한계를 두지 마라.

오프라 윈프리 Oprah Gail Winfrey
미국의 방송인이자 토크쇼 진행자로 〈오프라 윈프리 쇼〉를 통해 세계에서 가장 영향력 있는 여성 중 한 명이 된 인물이다.

[DATE _____]

양심은 진실을 말하는 강력한 무기다

이미 세워진 권위라도 양심이 허락하지 않으면 의심하라.
남이 나쁘다 하여도 그대 마음의 소리가 옳다고 하면 따르라.
그러나 이 원리를 잘못 처리하는 사람들이 있다.
의심하지 않을 것을 의심하고
마땅히 따라야 할 일에 대해서는 교만을 피우고 있다.

블레즈 파스칼 Blaise Pascal
프랑스의 수학자, 물리학자, 종교 철학자로 확률론의 기초를 다지고 《팡세》를 저술했다.

우리는 양심의 만족보다는 영예를 얻기에 바쁘다.
그러나 영예를 손에 넣는 가장 가까운 길은
영예를 위한 노력보다는 양심을 지키기 위해 노력하는
양심에 만족한다면 그것이 가장 큰 영예다.

미셸 드 몽테뉴 Michel de Montaigne
프랑스의 철학자이자, 수필가로 인간 본성에 대한 깊은 통찰을 담은 《수상록》을 저술하여 현대 수필 문학의 토대를 마련했다.

[DATE _____]

청렴하고 검소한 생활에서 행복은 생긴다

사람들은 때로 올바른 이성과
따뜻한 양심을 가꾸는 노력보다
물질적인 풍요를 얻는 데 훨씬 더 많은
시간과 에너지를 쏟곤 한다.
하지만 진정한 행복은
우리 내면에서 피어나는 소중한 가치이며
곁에 있는 소유물에서만
찾을 수 있는 것은 아니다.

아르투어 쇼펜하우어 Arthur Schopenhauer
　　독일의 철학자. 인간 삶의 비극적 면면을 탐구한 사상가며 그의 철학은 근대 철학에도 큰 영향을 미쳤다.

[DATE _____]

모든 사람들을 평등하게 존중하라

No. 082
평등

능력이나 체력의 차이가 각기 다르기 때문에
평등이란 있을 수 없다는 말이 있습니다.
그러나 리히텐베르크는 바로 그런 이유로
곧 능력이 각기 다르기 때문에
권리와 평등이 더욱 필요하다고 했습니다.
지혜와 힘이 불평등한데
거기다 권리마저 불평등하다면
약한 자가 강한 자에게 받는 폭압은
더욱 커져 갈 것이기 때문입니다.

레프 톨스토이 Leo Tolstoy
러시아의 대문호이자 사상가로 《전쟁과 평화》, 《안나 카레니나》 등 세계적인 걸작을 남긴 소설가.

[DATE _____]

모든 색은 어둠 속에서 똑같아진다

No. 083
평등

인간은 저마다 신의 아들이므로,
모든 사람이 소중하다는 사실을 명심하면
저절로 좋은 인간관계를 유지할 수 있을 것이다.

🔖 헨리 존 카이저 Henry john Kaiser
조선 및 건설 프로젝트와 현대 미국 의료 발전으로 유명한 미국의 산업가.

인간이 천성적으로 평등하다는 것은 전혀 사실이 아니다.
두 사람이 함께 있을 경우 30분도 지나지 않아
한 사람이 다른 사람에 대해 분명한 우위에 선다.

🔖 새뮤얼 존슨 Samuel Johnson
영국의 시인, 문학평론가로 18세기 후반 영국문학을 주도했다.

[DATE _____]

진실은 가장 강력한 무기다

인간이 가장 먼저 해야 할 일은

자기 자신에게 진실해야 한다는 것이다.

자신에게 진실하지 못하면서

남이 자신에게 어찌 진실하기를 바라겠는가?

만약 자신에게 진실하다면,

밤이 낮이 따르듯 모든 일이 순리대로 풀릴 것이다.

진실처럼 아름다운 것은 없다.

진실로 구하자.

진실로 무장하자.

윌리엄 셰익스피어 William Shakespeare
영국의 시인이자 극작가로 '대문호'라고 불리는 문학가 중 한 명이다. 저서로는 《로미오와 줄리엣》을 비롯해, 《햄릿》, 《리어왕》, 《오셀로》, 《맥베스》 등이 있다.

[DATE _____]

후회는 나를 과거에 묶어둔다

후회

당신이 계실 때에 알뜰한 사랑을 못 하였습니다.
사랑보다 믿음이 많고 즐거움보다 조심이 더하였습니다.
게다가 나의 성격이 냉담하고 더구나 가난에 쫓겨서
병들어 누운 당신에게 도리어 소활(疎闊)하였습니다.
그러므로 당신이 가신 뒤에 떠난 근심보다
뉘우치는 눈물이 많습니다.

한용운

한국을 대표하는 시인. 일제강점기 때, 독립선언서에 서명한 민족대표 33인 중 한 명으로, 신간회 결성을 주도하였으며, 대표작 〈님의 침묵〉 등을 저술하여 저항문학을 이끌었다.

[DATE _____]

정직은 인간을 가장 가치 있게 만든다

정직함은 진실을 사랑하는 마음에서 나온다.
정직함은 최고의 처세술이다.
정직만큼 풍요로운 재산은 없다.
정직은 사회생활에 있어서 지켜야 할 최소한의 도덕률이다.
하늘은 정직한 사람을 도울 수밖에 없다.
정직한 사람은 신이 만든 것 중 최상의 작품이기 때문이다.

세르반테스 Cervantes
스페인이 낳은 가장 위대한 소설가·극작가이자 시인. 저서로는 《돈키호테》 등이 있다.

요령 있게 있는 그대로 말하라.
남들을 정직하게 대하는 것은
그들을 존중한다는 뜻이자 자신을 존중한다는 뜻이기도 하다.
게다가 정직은 일을 훨씬 더 간단하게 만들어 준다.

앤드류 매튜스 Andrew Matthews
동기부여 전문가로 '행복을 그리는 철학자'라고 불린다. 저서로는 《Being Happy!》,《마음 가는 대로 해라》 등이 있다.

[DATE _____]

이성을 잃은 화는 무의미한 소음에 불과하다

화가 난 사람은 장님과 바보가 된다.
이성은 사라져 버리고
노여움은 지성의 힘을 완전히 억누르며
판단력도 그것의 포로가 되어
모든 기능을 완전히 멎기 때문이다.

🗨 **피에트로 아레티노 Pietro Aretino**
이탈리아 출신의 작가이자 시인.

누구든지 화를 낼 수 있다. 그것은 쉬운 일이다.
그러나 올바른 대상에게 올바른 정도로 올바른 시간에
올바른 목적으로 그리고 올바른 방식으로 화를 내는 것은
모든 사람들이 할 수 있는 일이 아니며 쉬운 일도 아니다.

🗨 **아리스토텔레스 Aristoteles**
소크라테스, 플라톤과 함께 고대 그리스의 가장 영향력 있는 학자이며, 그리스 철학이 현재의 서양 철학의 근본을 이루는 데에 이바지하였다.

[DATE _____]

연애를 하고 있을 때는 누구나 시인이 된다

연애를 정의하기란 쉽지 않다.
우리들이 말할 수 있는 것은 이렇다.
영혼에 있어서는 지배의 감정이며,
정신에서는 동정이고,
육체에 있어서는 많은 비밀을 거듭한 후
사랑의 상대를 소유하려는 은밀하고 미묘한 욕망이다.

🔖 **라 로슈푸코 La Rochefoucauld**
프랑스 작가로 인간 심리의 자기애를 통찰한 《막심》(Maxims)을 저술했다.

우주를 단 하나의 사람으로 줄이고
그 사람을 신에 이르게까지 확대하는 것,
그것이 곧 연애다.

🔖 **빅토르 위고 Victor Hugo**
프랑스의 대문호이자 낭만주의 작가로 《레 미제라블》, 《노트르담의 꼽추》 등 세계적인 걸작을 남긴 시인이자 소설가.

[DATE _____]

마음은 우리가 생각하는 대로 만들어진다

No. 089
마음

시간의 장단은 생각에서 나오고
넓고 좁은 것은 한 치 마음에 달려 있다.
마음이 한가로운 사람에게는 하루가 천 년보다 더 길고,
뜻이 넓은 사람에게는 작은 방이 하늘과 땅 사이처럼 넓다.

《채근담》 중에서
명나라 말기 지은 잠언집으로 동양 최고의 지혜서이자 처세와 수신에 관한 고전이다.

나무는 가을에 낙엽이 지고 뿌리만 남은 뒤에야
꽃의 화려함과 잎 가지의 무성함이
한낱 헛된 영화라는 것을 알게 되고,
사람은 죽어서 관 뚜껑을 덮은 뒤에야
자식과 재물이 아무 소용이 없음을 알게 된다.

《채근담》 중에서

[DATE _____]

성실함은 인생의 가장 큰 자산이다

성실한 마음보다 더 성스러운 것은 없다.
인생 항로에 등장하는 마음들은 다양하다.

서로 앞을 다투어 자기가 더 소중하다고 한다.
그러나 마지막에는 단연 성실한 마음이
제일 높은 평가를 받게 된다.

성실한 마음은 누구나 존중하게 된다.
그러므로 그것은 어느덧 성스러운 위치를 차지하게 된다.

최후에 웃는 이가 되기 위해서
성실한 마음을 늘 간직하도록 하라.

랄프 왈도 에머슨 Ralph Waldo Emerson
미국의 철학자이자 시인, 강연자.

[DATE _____]

시간은 사람이 쓸 수 있는 가장 소중한 것이다

시간을 가장 어리석은 방식으로 활용하는 사람들은
시간이 짧다고 불평부터 하는 이들이다.

라 브뤼에르 La Bruyère
프랑스의 모랄리스트이자 풍자 작가로 인간의 성격을 통찰한 《성격론》을 저술했다.

사람들은 가진 재산을
지키려고 구두쇠처럼 굴지만,
정작 무엇보다 아껴야 할 시간을
낭비할 때만큼은 더없이 관대해진다.

루키우스 안나이우스 세네카 Lucius Annaeus Seneca
고대 로마의 철학자, 연설가, 정치인, 희곡 작가.

[DATE _____]

Chapter 4

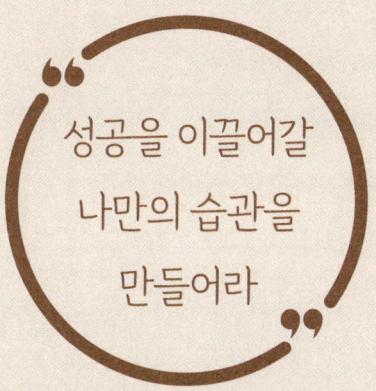

시도하지 않으면 아무것도 얻을 수 없다

실수는 누구나 할 수 있습니다.
중요한 것은 한순간 실수했다고 해서
그 실수 때문에 그때까지의 모든 것을
포기해서는 안 된다는 것입니다.
일을 처리하는 과정에 있어서
어떤 것보다 치명적인 실수는
하던 일을 포기해 버리는 것입니다.
그리고 참다운 지식은
직접 부딪쳐 체험으로 얻는 것이며,
그래야만 그 가치를 제대로 알 수 있습니다.

정주영
대한민국의 기업인, 정치인. 현대그룹의 창업주이자 초대 회장.

[DATE _____]

나를 의심하는 순간 가능성도 사라진다

쉬운 일을 어려운 일처럼,
어려운 일을 쉬운 일처럼 대하라.
전자는 자신감이 잠들지 않게,
후자는 자신감을 잃지 않기 위함이다.

🔖 **발타사르 그라시안 Baltasar Gracian**
17세기 예수회의 사제이자 신학교수.

남들이 당신을 어떻게 생각할까 너무 걱정하지 마라.
그들은 당신에 대해 그렇게 많이 생각하지 않는다.

🔖 **엘리너 루스벨트 Eleanor Roosevelt**
미국의 제32대 영부인이자 정치가, 외교관, 인권 운동가로, 역대 최장기간 영부인으로서 세계인권선언 제정에 크게 기여했다.

[DATE _____]

나를 신뢰하는 것이 가장 큰 용기다

자신을 믿어라.
그리고 당신의 능력을 믿어라.
자신의 능력에 대해 겸손하지만 합리적인 자신감 없이는
성공할 수도 행복할 수도 없다.

👉 **노먼 빈센트 필 Norman Vincent Peale**
20세기 중반 미국에서 활동한 목사이자 작가.

우리는 각자의 마음속과
이 세계 속에 있는 선함이 실현될 것이라고 믿어야만 합니다.
믿음이야말로 선함이 실현될 수 있는
최고의 조건이기 때문입니다.

👉 **레프 톨스토이 Leo Tolstoy**
러시아의 대문호이자 사상가로 《전쟁과 평화》, 《안나 카레니나》 등 세계적인 걸작을 남긴 소설가.

No. 094
믿음

[DATE _____]

나의 노력은 배신하지 않는다

우리가 하는 일은 바다에 붓는
한 방울의 물보다 하찮은 것이다.
하지만 그 한 방울이 없다면
바다는 그만큼 줄어들 것이다.

🗨 **마더 테레사 Mother Teresa**
인도에서 활동한 로마 가톨릭 교회의 수녀. 한평생 빈민과 병자, 고아, 그리고 죽어가는 이들을 위해 헌신하였다.

성공은 항상 위대함에 관한 것이 아니다.
그것은 일관성에 관한 것이다.
꾸준한 노력은 성공으로 이어지고,
위대함은 따라올 것이다.

🗨 **드웨인 존슨 Dwayne Johnson,**
미국의 영화배우이자 프로레슬링 선수.

[DATE   ]

성공은 매일 반복되는 작은 노력의 합이다

자신이 성공하는 내면의 그림을 마음속에 명확히
그리고 지울 수 없게 각인시켜라.
이 그림을 끈질기게 간직하라.
절대 희미해지도록 내버려두지 마라.
그대의 마음이 이 그림을 실현하기 위해 노력할 것이다.
당신의 상상 속에 어떠한 장애물도 두지 마라.

노먼 빈센트 필 Norman Vincent Peale
20세기 중반 미국에서 활동한 목사이자 작가.

[DATE   ]

성공이란 넘어질 때마다 일어나는 것이다

성공은 당신이 얼마나 높은 곳에
올랐는지가 아니라.
세상에 긍정적인 변화를
얼마나 일으켰는지로 측정됩니다.

🫳 로이 T. 베넷 Roy T. Bennett
　　삶과 역경에 대한 영감을 주는 명언으로 알려진 《마음의 빛》의 저자.

성공은 행동과 연결되어 있습니다.
성공한 사람들은 계속 움직입니다.
그들은 실수는 하지만 포기하지 않습니다.

🫳 콘래드 힐튼 Conrad Hilton
　　미국의 사업가로, 힐튼 호텔 창업자.

[DATE _____]

상대에게 거절할 때는 존중이 필요하다

옳은 거절을 할 줄 알아야 한다.
거절하는 것도 허락하는 것만큼 중요하다.
매사 곧바로 거절하는 것 역시 일을 그르치게 한다.
상대방에게 거절의 쓰라림을 조금은 덜기 위해
언제나 거절은 상대를 존중하는 방향에서 이행되어야 한다.
호의를 표시할 수 없을 때는 정중함으로 대하라.
'네', '아니오'를 말하기는 쉽지만
그 전에 깊이 있는 생각이 필요하다.

발타사르 그라시안 Baltasar Gracian
17세기 예수회의 사제이자 신학교수.

[DATE _____]

예의를 갖춘 요구는 예의를 갖춰서 거절해야 한다

성공적인 인간관계의 한 가지 열쇠는
바로 죄책감 없이 거절하는 법을 배우는 것이다.
왜냐하면 그렇게 해야 분노 없이
'예'라고 말할 수 있게 되니까.

🖉 빌 크로포드 Bill Crawford
　　미국의 코미디언이자 라디오 방송인.

무엇이 옳은 것인지 스스로 결정을 내려야 한다.
죄책감 없이 거절할 수 있게 된다면,
우리는 인생을 확실히 자신의 것으로 만들 수 있다.

🖉 앤드류 매튜스 Andrew Matthews
　　동기부여 전문가로 '행복을 그리는 철학자'라고 불린다. 저서로는 《Being Happy!》, 《마음 가는 대로 해라》 등이 있다.

[DATE _____]

성실은 나를 더욱 빛나게 한다

성실 하나로 살아가고 있는 사람이
남에게 감동을 주지 못했다는 예는 이제까지 하나도 없다.
한편, 성실과는 거리가 먼 사람이
남에게 감동을 주었다는 예도 이제까지 하나도 없다.

맹자
공자시대 이후 유가에서 가장 큰 학파를 이룬 사람으로 본명은 맹가(孟軻)다. 주요 저서로는 《맹자》 등이 있다.

목적을 이루기 위해서 오랜 인내를 하기보다는
눈부신 노력을 하는 편이 쉽다.
성공하는 데는 두 가지 길밖에 없다.
하나는 자신의 근면, 하나는 타인의 어리석음이다.

라 브뤼에르 La Bruyère
프랑스의 모럴리스트이자 풍자 작가로 인간의 성격을 통찰한 《성격론》을 저술했다.

[DATE _____]

실수는 인간다움이며 배움의 시작이다

실수는 인간의 일부다.
너의 실수의 실체를 음미하라.
실수는 어렵게만 얻을 수 있는
소중한 삶의 교훈임을 음미하라.
치명적 실수는 예외지만, 이 경우에도 남들은
이 실수로부터 교훈을 얻을 수 있다.

알 프랑켄 Al Franken
미국의 정치인, 코미디언, 작가이자 배우.

[DATE _____]

실패는 당신이 성장할 수 있는 기회다

설사 당신이 아주 중대한 실수를 저질렀다 하더라도
당신에게는 반드시 또 다른 기회가 있다.
우리가 실패라고 부르는 것은 넘어지는 것이 아니라
넘어진 채로 주저앉는 것이다.

메릭 픽포드 Mary Pickford
미국의 무성 영화 시절 할리우드 최고의 여배우이자 역사상 최고의 여배우 중 한 명.

성공을 자축하는 것도 중요하지만
실패를 통해 배운 교훈에
주의를 기울이는 것이 더 중요하다.

빌 게이츠 Bill Gates
마이크로소프트의 창업주. 은퇴 이후에는 투자자 겸 자선사업가로 활동하고 있다.

[DATE _____]

소통은 오해를 줄이는 가장 좋은 방법이다

소통의 기술이 삶의 모든 문제를 해결하는 열쇠입니다.
훌륭한 소통은 갈등을 해소하고,
사람들의 이해를 돕고,
문제를 해결하는 데 중요한 역할을 합니다.
삶에서 마주하는 다양한 문제를 해결하기 위해서는
소통의 기술을 연마하는 것이 필요합니다.

조지 버나드 쇼 George Bernard Shaw
'버나드 쇼라'는 필명으로 활동한 아일랜드의 극작가, 평론가이자 정치 운동가.

No. 104

경청

대화의 기술은 경청에 있다

말을 시작하기 전에 반드시 생각할 틈을 가져라.
내가 지금 하고자 하는 말이 말할 가치가 있는지,
무익한 얘기인지, 누군가를 해칠 염려가 없는지,
어떤지를 잘 생각해 보라.

레프 톨스토이 Leo Tolstoy
러시아의 대문호이자 사상가로 《전쟁과 평화》,《안나 카레니나》 등 세계적인 걸작을 남긴 소설가.

나는 아침마다 나에게 상기시킨다.
오늘 내가 말하는 것 중
나를 가르쳐주는 건 아무것도 없다고.
만약 내가 배우고자 한다면,
나는 반드시 경청을 통해 배운다고.

레리 킹 Larry King
미국의 전설적인 TV 및 라디오 진행자로 CNN의 〈래리 킹 라이브〉를 25년간 진행했다.

[DATE   ]

성공은 계획에서 비롯된다

진실한 마음으로 무엇을 계획하고
그 일을 실행에 옮기는 것은 가장 즐거운 생활이다.
당신은 오늘의 계획을, 또 내일의 설계를 생각해야 한다.
그리고 성실한 마음으로 그 계획을 옮겨야 한다.

스탕달 Stendhal
발자크와 함께 프랑스 근대소설의 창시자. 저서로는《적과 흑》,《파르마 수도원》등이 있다.

꿈을 날짜와 함께 적어놓으면 그것은 목표가 되고,
목표를 잘게 나누면 그것은 계획이 되며,
그 계획을 실행에 옮기면 꿈은 실현되는 것이다.

그레그 S. 레이드 Greg S. Reid
미국의 베스트셀러 작가이자 강연가, 영화 제작자이며 워크스마트사 창립자.

[DATE _____]

No. 106
목표

계획 없는 목표는 한낱 꿈에 불과하다

매일 아침 일과를 계획하고
그 계획을 실행하는 사람은
극도로 바쁜 미로 같은 삶 속에서
그를 인내할 한 올의 실을 지니고 있는 것이다.
그러나 계획이 서 있지 않고
단순히 우발적으로 시간을 사용하게 된다면
곧 무질서가 삶을 지배할 것이다.

🔖 빅토르 위고 Victor Hugo
프랑스의 대문호이자 낭만주의 작가로 《레 미제라블》, 《노트르담의 꼽추》 등 세계적인 걸작을 남긴 시인이자 소설가.

[DATE _____]

인간관계는 서로의 차이를 존중할 때 깊어진다

No.
107

관계

고마우면 고맙다, 미안하면 미안하다고 큰 소리로 말하라.
마음으로 고맙다고 생각하는 것은 인사가 아니다.
남이 내 마음속까지 읽을 만큼 한가하지 않다.

《탈무드》 중에서
랍비 유대교의 중요한 경전. 《성경》, 《코란》과 함께 세계적으로 가장 중요한 종교 문헌이다.

세상은 거울입니다.
우리가 다른 사람들과의 관계에서 마주하는 대부분의 문제는
우리 자신과의 관계에서 우리가 가진 문제를 반영합니다.
우리는 나가서 다른 사람들을 바꿀 필요가 없습니다.
우리 자신의 생각과 태도를 조금만 바꾸면
다른 사람들과의 관계가 자동으로 좋아질 것입니다.

앤드류 매튜스 Andrew Matthews
동기부여 전문가로 '행복을 그리는 철학자'라고 불린다. 저서로는 《Being Happy!》, 《마음 가는 대로 해라》 등이 있다.

[DATE _____]

마음으로 소통하는 것이 모든 관계의 핵심이다

좋은 사람과 쓰레기를 구분하려면,
상대방에게 착하고 상냥하게 대해주어라.
좋은 사람은 후일 한 번쯤
너에 대한 보답에 생각해 볼 것이고,
쓰레기는 슬슬 가면을 벗을 준비를 할 것이다.

🔖 모건 프리먼 Morgan Freeman
　헐리우드의 대표적인 연기파 배우. 출연작은 〈쇼생크 탈출〉, 〈백악관 최후의 날〉 등이 있다.

인간관계에서 가장 중요한 것은
상대방이 어떻게 대우받았는지가 아니라
상대방이 어떻게 느꼈는지다.

🔖 마야 앤절로 Maya Angelou
　20세기 미국 문학의 대표 작가 중 한 명으로 토니 모리슨, 오프라 윈프리 등과 함께 미국에서 가장 영향력 있는 흑인 여성 중 한 명으로 꼽힌다.

[DATE   ]

내가 하는 일이 좋다면 하루하루가 휴일이다

어려운 직업에서 성공하려면 자신을 굳게 믿어야 한다.
이것이 탁월한 재능을 지닌 사람보다 재능은 평범하지만
강한 투지를 가진 사람이 훨씬 더 성공하는 이유다.

🖐 **소피아 로렌 Sophia Loren**
　　이탈리아 영화배우로 할리우드 고전 영화계 위대한 배우 중 한 명이다.

싫증이 나지 않는 일을 선택해야 한다.
좋아하는 일은 몇 년, 몇십 년 계속하더라도
좀처럼 싫증을 내지 않는다.
탐구심이나 보람을 자극하는 꿈이 담긴 일이라면
'아무리 일생을 걸고 노력해도 목표지점에 다다를 수 없다'는
사실을 알게 되더라도 물리지 않고 계속 노력하게 마련이다.
나는 반드시 그런 사업을 선택하라고 권하고 싶다.

🖐 **구마가이 마사토시 Masatoshi Kumagai**
　　도쿄증권거래소 제2부 상장기업인 GMO·그룹의 회장.

[DATE_____]

일은 삶을 풍요롭게 하는 도구다

돈에 맞춰 일하면 직업이고 돈을 넘어 일하면 소명입니다.
칭찬에 익숙하면 비난에 마음이 흔들리고
대접에 익숙하면 푸대접에 마음이 상합니다.
문제는 익숙해져 길들여진 내 마음입니다.
집은 좁아도 같이 살 수 있지만 사람 속이 좁으면 같이 못 삽니다.

백범 김구
일제강점기의 독립운동가. 대한민국의 정치인으로 조국의 자주독립과 통일국가 수립을 위해 일생을 바친 민족의 지도자 겨레의 큰 스승이다.

새로운 일에 도전하다 보면
가끔 실수를 저지를 수 있다.
자신의 실수를 빨리 인정하고
다른 시도에 집중하는 것이 최선이다.

스티브 잡스(Steve Jobs)
시대를 앞서는 창의력으로 IT계를 주도한 미국 애플사의 창업주다.

[DATE _____]

경청은 대화의 가장 중요한 부분이다

말하는 데 자신의 지식과 에너지를 모두 탕진하지 말아라.
경청하면서 결정적인 순간에 쓸 수 있도록 비축해 두라.
대인(大人)은 경청하는 일에,
소인(小人)은 말하는 일에 전념한다.
또한 말을 많이 하는 사람은 성공할 확률이 낮다.
인간이 왜 입은 하나, 귀는 두 개를 가졌는지
그대는 아는가?

작자 미상

[DATE _____]

친절은 자신에게 베푸는 선물과 같다

친구가 너에게 화를 내거든
너에게 친절을 베풀 기회를 만들어주어라.
그러면 그들의 마음은 풀리지 않을 수 없을 것이며,
다시 너를 사랑하게 될 것이다.

장 파울 Jean Paul
독일의 소설가로 유머러스한 소설과 이야기로 잘 알려진 낭만주의 작가.

친절은 이 세상을 아름답게 만들며
모든 비난을 해결한다.
그리고 얽힌 것을 풀어 헤치고,
어려운 일을 수월하게 만들고,
암담한 것을 즐겁게 바꾼다.

레프 톨스토이 Leo Tolstoy
러시아의 대문호이자 사상가로 《전쟁과 평화》, 《안나 카레니나》 등 세계적인 걸작을 남긴 소설가.

[DATE _____]

사람을 배려하는 태도는 언제나 옳다

상대방을 이해하라는 것이
무조건 그쪽 의견에 동의하거나
당신이 틀리고 그 사람이 옳다고
말하라는 게 아니다.
그 사람의 말과 행동을
인격적으로 존중하라는 뜻이다.
상대방의 입장에 서서
그 사람이 옳다고 믿고 있는 사실을
충분히 그럴 수 있다고 귀 기울이고
받아들이라는 것이다.

조나단 로빈슨 Jonathan Robinson
미국 최고의 부부 커뮤니케이션 전문가이자 작가.

[DATE _____]

이해는 모든 것의 시작이다

서로의 본성이 다르다는 사실을 무시하기 때문에
남자는 여자에게 남자처럼 생각하고 반응하기를 기대하고,
여자 역시 마찬가지이기에
온 세상은 오해, 사고와 문제로 가득한 것이다.
그러므로 남녀가 서로를 이해하지 못한다는 사실을 이해한다면
서로를 이해하기 시작할 것이다.

마르코 폰 뮌히하우젠 Marco von Munchhausen
BMW와 IBM 등 전 세계 굴지 기업에서 자기계발 강사 겸 트레이너로 활동하고 있는 베스트셀러 작가.

[DATE _____]

무엇을 선택하든 선택한 길에서 최선을 다하라

사람은 백 가지 일상 중
천 가지 선택의 기로를 마주한다.
하지만 인간은 어떤 선택을 해도
백 퍼센트 만족 없이 후회하기 마련이며,
성공이란 이러한 후회를 극복하고
자신이 한 하나의 선택에 최선을 다하는 것을
정의하는 것이다.

존 밀턴 John Milton
영국의 시인이자 작가로, 서사시 '실낙원'으로 서양 문학사에 지대한 영향을 미친 인물이다.

[DATE _____]

No. 116
태도

나의 태도가 나의 방향을 결정한다

우리의 마음은 밭이다.
그 안에서는 기쁨, 사랑, 즐거움, 희망과 같은
긍정의 씨앗이 있는가 하면
미움, 절망, 좌절, 시기, 두려움 등과 같은
부정의 씨앗이 있다.
어떤 씨앗에 물을 주어 꽃을 피울지는 자신의 의지에 달렸다.

🗨 탁닛한 Thích Nhất Hạnh
　베트남 출신의 승려이자 오늘날 선불교의 가장 위대한 스승 중 한 명이다.

사람들 간에는 거의 차이가 없으나
작은 차이가 커다란 차이를 만든다.
이 작은 차이는 태도인데
적극적이냐, 소극적이냐 하는 것이다.

🗨 윌리엄 클레멘 스톤 William Clement Stone
　미국의 성공한 사업가이자 자선사업가이며 자기계발서 저자이다.

[DATE _____]

말을 많이 한다는 것과 잘한다는 것은 별개다

나에 대해서 많은 말을 하는 것은
나를 숨기는 하나의 수단이 되기도 한다.

인간은 나무와 같은 것이다.
높고 밝음을 향해 올라가면 올라갈수록
그 뿌리는 점점 강하게 땅속의 아래쪽으로,
어두운 쪽으로 향한다.

프리드리히 니체 Friedrich Nietzsche
기존 철학의 틀을 부수고 새로운 사유의 지평을 연 독일의 혁명적 사상가. 저서로는 《인간 적인, 너무나 인간 적인》, 《차라투스트라는 이렇게 말했다》 등이 있다.

[DATE _____]

성공은 자신을 믿는 데서 시작한다

꿈을 품고 뭔가 할 수 있다면
그것을 바로 시작하라.
새로운 일을 시작하는 용기 속에
당신의 천재성과 능력과 기적이
모두 숨어 있다.

요한 볼프강 폰 괴테 Johann Wolfgang von Goethe
독일을 대표하는 시인, 소설가, 철학자로 유럽의 문학과 문화에 광범위한 영향을 끼쳤다. 저서로는 《젊은 베르테르의 슬픔》, 《파우스트》 등이 있다.

한 가지 뜻을 세우고 그 길로 가라.
잘못도 있으리라, 실패도 있으리라.
그러나 다시 일어나서 앞으로 나아가라.
반드시 빛이 그대를 맞이할 것이다.

임마누엘 칸트 Immanuel Kant
근대 계몽주의를 정점에 올려놓았고 독일 관념 철학의 기반을 확립한 프로이센의 철학자.

[DATE _____]

자기를 이기는 자는 강하다

그대 자신의 영혼을 탐구하라.
다른 누구에게도 의지하지 말고
오직 그대 혼자의 힘으로 하라.
그대의 여정에 다른 이들이 끼어들지 못하게 하라.
이 길은 그대만의 길이요, 그대 혼자 가야 할 길임을 명심하라.
비록 다른 이들과 함께 걸을 수는 있으나
다른 그 어느 누구도 그대가 선택한 길을
대신 가줄 수 없음을 알라.

🔖 **인디언 속담**
오랜 세월 아메리칸 인디언 선조들의 지혜와 자연 친화적인 삶의 철학이 담긴 짧은 격언.

[DATE _____]

강한 사람은 항상 자신에게 집중한다

약한 사람은 자신의 불안에 집중하고
오만한 사람은 남의 약점에 집중하며,
강한 사람은 자신의 강점에 집중합니다.
남에게 집중하면 오히려 당신이 약해지며,
자신에게 집중해야 강해질 수 있습니다.

작자 미상

[DATE _____]

그래도 계속 가라

당신이 가야 할 길이
당신의 눈앞에 있거든 망설이지 말라.
당신이 가야 할 길이 분명하면
기꺼이 확고한 의지로 그 길을 가라.

혹 당신이 가야 할 길이 보이지 않는다면
멈추어 서서 가장 훌륭한 충고자들과 상의하라.
만일 당신이 가는 길에 어떤 장애물이 나타나면
당신이 갈 수 있는 곳까지 조심히 나아가라.

정의를 이루는 것이 최고의 성공이며
진정한 의미의 실패는
정의를 이루지 못하는 것이기 때문이다.

마르쿠스 아우렐리우스 Marcus Aurelius Antoninus
로마 제국의 제16대 황제이자 스토아 학파 철학자.

[DATE _____]

필사 중독

1판 1쇄 발행 2025년 7월 28일

지 은 이　　래울
펴 낸 이　　노근수
디 자 인　　박현종

펴 낸 곳　　은는이가
출판등록　　2023년 6월 16일 (제 2023-000113호)
주　　소　　경기도 고양시 일산서구 현중로64, 602-1003호
전　　화　　031-815-0155
팩　　스　　031-696-6468
이 메 일　　en2ga@naver.com

ⓒ래울, 2025
ISBN 979-11-989265-2-4 (03190)

정가 20,000원

* 이 책의 판권은 도서출판 은는이가에 있습니다.
* 저자와 출판사의 허락 없이 내용의 전부 또는 일부를 인용 발췌하는 것을 금합니다.
* 잘못 만들어진 책은 구입한 곳에서 교환해드립니다.